Training für (Kraft-)Sportler:

Muskelaufbau, Kraftaufbau, Einstieg ins Powerlifting

Hinweis: Die Forschung ist ständigen Entwicklungen unterworfen. Für Angaben über Dosierungen oder Ernährungsvorgehen kann trotz sorgfältiger Prüfung keine Gewähr übernommen werden.

Jede(r) Leser(in) ist angehalten, bei (gesundheitlichen) Problemen fachspezifische Hilfe im echten Leben zu konsultieren.

Kontakt:
Dr. Frank-Holger Acker
Unter den Linden 7
31725 Lehrte

www.become-fit.de
kontakt@become-fit.de

1. Auflage/2018
ISBN: 978-1727174854

Lektorat: Ulrike Hacker/Markus Röhrig
Korrektorat: Punkt & Komma (www.punkt-und-komma.net)/Markus Röhrig

Lieber Leser,

die vorliegende Zusammenfassung stellt den Abschnitt „Training" des Buches „Training und Ernährung für Frauen" dar. Ich habe mich bewusst zu dieser abgetrennten Parallelveröffentlichung entschlossen, da mutmaßlich die meisten Männer kein Interesse am weiblichen Hormonhaushalt haben und andererseits mit meinem Ernährungsbuch deutlich tiefergehende Informationen geboten werden, als im zusammenfassenden Frauenbuch.

Vorliegend die Grundprinzipien einer sinnvoll gestalteten Trainingseinheit mitsamt Beispielplänen und einem strukturierten Einstieg für den Kraftdreikampf.

Weitere Programme gibt es, wie am Ende des Buches nochmals betont, kostenlos auf become-fit.de!

Inhalt

Wie sollte eine Trainingseinheit gestaltet sein?

Ähnlich wie im Bereich der Ernährung gilt auch für das Training, dass die Antwort nach einem guten oder dem optimalen Trainingsplan sicherlich von Person zu Person unterschiedlich ausfällt. Während Hobbysportler je nach Trainingsziel die unterschiedlichsten Pläne oder Vorgehensweisen vorschlagen werden, kommen unzählige Sichtweisen hinzu, wenn man Ärzte, Sportwissenschaftler und andere Wissenschaftler an einen Tisch holen würde.

Das Thema Training kann aus verschiedensten Perspektiven betrachtet und bewertet werden. Allein die Unterschiede von **Disziplin** zu Disziplin sind enorm. Ein CrossFit-Athlet wird die Frage nach dem optimalen Training sicherlich anders beantworten als ein Schwimmer oder ein Bodybuilder. Wer Schulterprobleme vom Bankdrücken bekam, wird eher von dieser Übung abraten als ein junger Mann, der nicht weiß, wohin mit seiner Kraft.

Geschichtlich betrachtet gibt es ebenso viele interessante Anekdoten zum Krafttraining, von der altgriechischen Empfehlung, mit Tieren zu ringen, über die Etablierung der Periodisierung Anfang des 20. Jahrhunderts bis zur Etablierung des Bankdrückens für eine pralle Brustmuskulatur bei Männern in der Ära von Arnold Schwarzenegger.

Ein **Mediziner** würde das Wohl seines Patienten in den Fokus rücken. Während sich die meisten Leser dieses Buches vermutlich Gedanken über ihr nacktes Erscheinungsbild machen, wäre der Mediziner oftmals froh, wenn seine (ältere) Kundschaft überhaupt etwas gegen den körperlichen Verfall täte.

Soziologisch betrachtet könnte man sicherlich argumentieren, dass Sport auch immer eine Form der sozialen Teilhabe ist sowie das Wohlstandsgefälle der Gesellschaft widerspiegelt. Fakt ist, dass Sportarten wie Golf oder Tennis tendenziell immer noch von besser gestellten Menschen absolviert werden, wohingegen Wettkampf-Bodybuilding eher die Sportart des einfacheren Mannes ist, wenn auch nicht mehr in der Ausprägung der 80er-Jahre. Dank Mens-Physique- und Bikiniklasse haben viele junge Frauen und Männer aus allen Schichten ein positiveres Bild vom Bodybuilding entwickelt.

Ein **Physiker** würde sich möglicherweise über Biomechanik oder über Lasthebel der menschlichen Bewegung Gedanken machen, wohingegen **Sportwissenschaftler** ein ganzes Studium mit der optimalen Trainingsgestaltung in allen Aspekten füllen.

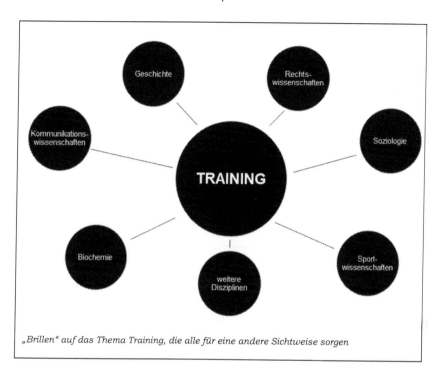

„Brillen" auf das Thema Training, die alle für eine andere Sichtweise sorgen

Diese kleine gedankliche Einführung zeigt uns also, dass allein schon in der Wissenschaft die Frage nach einem optimalen Training nicht pauschal für jede Frau jederzeit gleich zu beantworten ist. Noch verwirrender wird es, wenn man sich mit den Vertretern einer einzelnen Disziplin unterhält: Vor allem zum Thema Fitness und Bodybuilding gibt es die verschiedensten Ansätze, wie das Training gestaltet werden sollte, sodass nicht nur Anfänger oftmals irritiert sind, wie sie ihre Routinen denn nun umsetzen sollten.

Generell gilt einmal mehr, dass viele Wege nach Rom und verschiedene Methoden mehr oder weniger zu gleichen Ergebnissen führen, wenn die Methoden nur intensiv und geduldig genug umgesetzt werden – und auf generellen Grundlagen basieren, die von jedem ambitioniert Trainierenden verstanden werden sollten. Und um eben jene soll es in diesem Buch gehen. Ein Verständnis der Basics hilft nicht nur, die am Ende des Buches dargestellten Beispielpläne besser nachzuvollziehen, sondern im späteren Verlauf auch selbstständig den eigenen Weg weiterzugehen, indem das Training bei Bedarf modifiziert werden kann.

Unsere Muskulatur

Wir unterscheiden zwischen drei Typen von Muskeln:

- Glatte Muskelzellen

- Herzmuskulatur

- Quergestreifte Muskelfasern

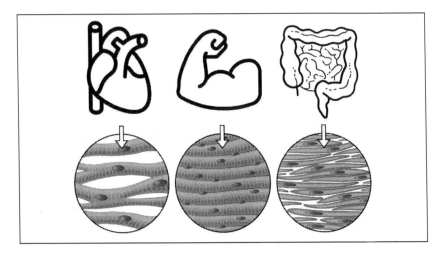

Glatte Muskulatur ist Muskulatur, die nicht willkürlich angesteuert werden kann. Dieser Muskeltyp befindet sich beispielsweise im Magen-Darm-Trakt. Herzmuskeln sind dagegen eine Sonderform der quergestreiften Muskulatur, die ununterbrochen Arbeit leisten kann (man stelle sich lieber nicht vor, das Herz hätte nicht diese beeindruckende Kondition!). Da sie, ihr Name deutet es an, ausschließlich im Herz vorkommt, soll sie an dieser Stelle nicht weiter thematisiert werden.

Wenn wir von Muskeln sprechen, die wir im Training belasten, stärken und vergrößern wollen, handelt es sich um die quergestreiften Muskelfasern.

Die quergestreiften Muskeln unserer Skelettmuskulatur sind nicht nur willkürlich ansteuerbar, sondern haben eine bemerkenswerte Eigenschaft: Sie besitzen mehrere Zellkerne, sodass sie mithilfe von Protein vergrößert werden können. Diese Eigenschaft trifft allerdings nicht auf alle Muskelzellen gleichermaßen zu, was nicht nur eine leidvolle Erkenntnis ist, die viele Sportler sicherlich bereits am eigenen Leib erlebt haben, sondern auch im Leistungssport immer wieder zu beobachten ist.

Ein Marathonläufer hat eine andere muskuläre Grundstruktur als ein Gewichtheber und beide wären nicht in der Lage, das Leistungsniveau des anderen zu erreichen, egal, wie sehr sie hierauf hintrainieren.

Neben einigen anderen Faktoren ist eine grundlegende Ursache hierfür die Verteilung der Muskelfasern, die generell in zwei Gruppen unterteilt werden: Typ I und Typ II, auch als langsam kontrahierende (Typ I) und schnell kontrahierende (Typ II) Muskelfasern bekannt. Dabei ist der langsame Fasertyp tatsächlich deutlich langsamer als sein schneller Verwandter: Während Typ-I-Fasern etwa 100 Millisekunden zur Anspannung benötigen, sind Typ-II-Fasern doppelt so schnell und daher für maximale Kraftanstrengungen optimiert, was später noch erklärt wird.

Die Fasertypen können auch in rote (Typ I) und weiße (Typ II) Muskelfasern unterschieden werden, angelehnt an das in Typ-I-Fasern enthaltene rötliche Myoglobin und die erhöhte Anzahl an Kapillaren (kleine, sehr feine Blutadern). Um die Verwirrung komplett zu machen, sei darauf hingewiesen, dass sich die beiden Typen in noch mehr als den zwei genannten Punkten (Kontraktionsgeschwindigkeit, Myoglobin- und Kapillardichte) unterscheiden:

Typ-I-Muskelfasern besitzen eine erhöhte Anzahl an Mitochondrien – Zellkraftwerke, die wir später noch etwas genauer kennenlernen – und können daher ATP, die Energiequelle der Muskelanstrengung, schneller reproduzieren und ermüden dadurch langsamer.

Typ-II-Fasern werden noch einmal in Typ IIA und Typ IIX (früher auch IIB genannt) unterschieden. Die untenstehende Tabelle bietet hierzu eine Übersicht. Typ-IIA-Fasern kann man sich wie ein Mittelding zwischen Typ-I- und Typ-IIX-Fasern vorstellen. Typ-IIX-Fasern besitzen deutlich weniger Mitochondrien und speichern im Gegensatz zu Typ-I-Fasern kaum Fett, dafür aber Kohlenhydrate. Entsprechend findet in Typ-IIX-Fasern die Energiegewinnung bei Belastung in erster Linie anaerob (ohne Sauerstoff) statt, wie wir später noch lernen werden. Generell gilt dabei:

Frauen besitzen im Durchschnitt einen höheren Anteil an Typ-I-Muskelfasern!

Zusammen mit der Dominanz von Östrogen im Verhältnis zu Testosteron ist dies als Hauptgrund zu sehen, warum Frauen nicht nur weniger Muskelmasse als Männer aufweisen, sondern in der Regel oftmals noch geduldiger daran arbeiten müssen, ab einem gewissen Level sichtbare Fortschritte beim Muskelaufbau zu erkennen. Typ-I-Fasern haben schlichtweg ein geringeres Wachstumspotenzial.

Fasertyp	Typ I	Typ IIA	Typ IIX
Kontraktionsgeschwindigkeit	langsam	schnell	sehr schnell
Ermüdungsresistenz	sehr groß	groß	niedrig
Kraftproduktion	niedrig	hoch	sehr hoch
Mitochondriendichte	hoch	mittel	niedrig
Kapillardichte	hoch	mittel	niedrig
Glykogenspeicher	niedrig	niedrig	hoch
Fettspeicher	hoch	mittel	niedrig

Tabelle: Fasertypen und ihre Eigenschaften

In der Praxis ist die Verteilung dieser Muskelfasern außerdem auch innerhalb der Geschlechtergruppen genetisch bedingt sehr unterschiedlich. Während Elite-Sprinter einen hohen Anteil an Typ-II-Fasern im Quadrizeps aufweisen, sind dies bei Elite-Marathonläufern vor allem Typ-I-Fasern. Ein weibliches Sprinttalent kann daher durchaus einen höheren Typ-I-Anteil aufweisen als ein männlicher Elite-Marathonläufer.

Auch einzelne Muskeln können generelle Tendenzen aufweisen: Während der Soleus als Teil der Wadenmuskulatur zu ca. 80 % aus Typ-I-Fasern besteht, sind es beim Trizeps überwiegend Typ-II-Fasern. Das hat nicht nur praktische Auswirkungen für die sportlichen Leistungen, sondern auch auf den Aufbau der Muskulatur:

Typ-II-Fasern haben ca. 50 % mehr Wachstumspotenzial als Typ-I-Fasern.

Ein Marathonläufer könnte also gern versuchen, ein Weltklassebodybuilder zu werden, er wird aber immer einem Athleten mit entsprechend verstärkter Typ-II-Faserverteilung unterlegen sein. Ebenso wachsen Sportlern nicht vom Betrachten der Kurzhanteln plötzlich Oberarme, die dicker sind als ihre Oberschenkel.

Warum trainieren wir?

Eine auf den ersten Blick beinah banale Frage ist auf den zweiten gar nicht abschließend und in Kürze zu beantworten. Ohne an dieser Stelle in philosophische Überlegungen abzugleiten, wollen wir uns analytisch auf vier mögliche Motive konzentrieren:

- Fettabbau
- Kraftaufbau
- Muskelaufbau
- Verbesserung der Ausdauer

Je nach Sportart könnte man diese Liste um Punkte wie Technik, Sprintvermögen, Spielzüge in Mannschaftssportarten usw. erweitern. Im Folgenden wollen wir uns aber auf diese vier Hauptaspekte beschränken, die für das typische (weibliche) Studiomitglied im Vordergrund stehen. Was sich genau dahinter verbirgt, wollen wir uns im Rahmen des allgemeinen Ablaufs einer Trainingseinheit anschauen.

Der grundlegende Ablauf einer Trainingseinheit

Viele Trainingsbücher fangen damit an, zu erklären, was Kraft ist, welche Nährstoffe unter Belastung verbraucht werden oder wie der Muskel aufgebaut ist. Vollkommen theoretisch und nicht selten abschreckend für viele Leser/-innen, die an einer praxisorientierten Darstellung interessiert sind. Ganz ohne solche Darstellungen ist es jedoch nicht möglich, insbesondere nicht, wenn man verstehen möchte, warum etwas umzusetzen ist bzw. wenn selbstständig Anpassungen umgesetzt werden sollen.

Gehen wir das Ganze also etwas pragmatischer an und arbeiten uns an einer regulären Trainingseinheit entlang. Egal, was wir am jeweiligen Trainingstag planen, der generelle Ablauf einer Trainingseinheit sollte immer von vier verschiedenen Phasen nach dem A–B–C–D-Prinzip geprägt sein:

- A wie Aufwärmen
- B wie Belastung
- C wie Cardio-Training/Cool-down
- D wie Dehnen

Schauen wir uns diese einzelnen Phasen also genauer an.

A wie Aufwärmen

Viele Trainingsenthusiasten verbindet mit dem Eisensport eine innige und heiße Liebe. Und bekanntlich vertragen sich Liebe und Verstand nicht immer gut, eine ständige Fehlerquelle, im Leben wie auch im Fitnessstudio. Diesem Umstand fällt beispielsweise auch das eigentlich so vernünftige Aufwärmen zum Opfer.

Aufwärmen ist für die meisten nicht sexy; der kleine hässliche Bruder der großen ersten (Eisen-)Liebe. Zeit, diese Abneigung abzulegen und beim nächsten Trainingszusammentreffen harmonisch miteinander zu agieren. Zeit, sich richtig aufzuwärmen. Nicht trotz, sondern gerade der heißen Liebe zum Eisen wegen.

Entschuldigung, hätten Sie einmal fünf Minuten?

Für nicht wenige Trainierende fühlen sich die obligatorischen drei bis fünf Minuten auf dem Crosstrainer oder Radergometer wie eine verdammt lange Zeit an, in ihrer Zähheit nur noch durch das Warten am Powerrack übertroffen, wenn mal wieder jemand „Nur noch einen Satz!" curlt. Doch das allgemeine Aufwärmen auf dem Cardio-Gerät ist eine sinnvolle Investition in den langfristigen Trainingserfolg:

Cardio stammt von dem griechischen Wort *kardia* ab, was so viel wie *Herz* bedeutet – und genau darum sollte es in diesen ersten fünf Minuten des Trainings gehen. Das Herz-Kreislauf-System soll auf die anstehende Belastung vorbereitet und der Körper auf Betriebstemperatur gebracht werden. Es darf einem dabei also warm werden, es darf leicht anstrengend sein und es darf als eine größere Belastung als der Weg vom Auto zur Studiotür empfunden werden. Wer schon mit dem Fahrstuhl in den ersten Stock fährt, mag diese Aufforderung auf seine Weise interpretieren, aber so viel sei gesagt: Langsames Spazierengehen auf dem Laufband mag auch fünf Minuten verstreichen lassen, bringt den Körper aber nicht wirklich auf Betriebstemperatur.

Im Rahmen der körperlichen Belastung, die eine Trainingseinheit darstellt, erhöht der Körper nicht nur den Blutfluss an und für sich, indem der Puls ansteigt, sondern passt die lokale Blutversorgung an die Bedürfnisse an.

Während in Ruhe lediglich 25 % des zirkulierenden Blutes in die Muskulatur geleitet werden, sind es bei maximaler Belastung bis zu 90 %, die in die (genutzte) Muskulatur und die Haut geleitet werden.

Die moderate Belastung auf einem Ausdauergerät unterstützt den Körper bei der Umstellung vom Ruhe- in den Trainingsmodus. Das bedeutet gleichzeitig, dass ein wenig Strampeln auf dem Radergometer keinen Aufwärmsatz ersetzt. Das mag als Anfänger noch gut gehen, aber wer als Frau in der Lage ist, ihr 1,5-faches Körpergewicht als zusätzliche Last zu beugen, sollte nicht auf die Idee kommen, dieses Gewicht sofort zum Start aufzulegen, da Blut ja bereits ausreichend im Muskel vorhanden wäre. Die Koordination und das muskuläre Zusammenspiel sollten ebenfalls eine Chance bekommen, sich auf bevorstehende Bewegungen einzustellen.

Was die Dauer betrifft, stellen drei bis fünf Minuten in der Praxis eine sinnvolle Länge dar, wobei es zweitrangig ist, welches Sportgerät genau genutzt wird. Crosstrainer, Laufband, Ruderergometer oder Springseil: Wichtig ist es, den Puls nach oben zu bekommen, ohne im Anschluss vor Erschöpfung in sich zusammenzubrechen.

Meditation, Musik und der Beginn der Trainingsphase

Neben dem dargestellten Effekt auf die Durchblutung können diese ersten Minuten auch dazu dienen, mental im Training anzukommen. Viele von uns sind gestresst im Alltag und haben Probleme, bewusst abzuschalten. Für mich persönlich ist Training bereits seit Jahren eine Art Rückzugspunkt, meine Form der Meditation. Wer mit einer ähnlichen Einstellung an die Einheit herangeht, kann in sich gehen, alles zurücklassen und sich ganz darauf fokussieren, was er sich an diesem Tag vorgenommen hat – in sportlicher Hinsicht.

Der Ablauf der Trainingseinheit und die konkrete Ausführung der anstehenden Übungen sollte dabei genau visualisiert werden. Sicherlich ist nicht jeder dafür empfänglich und es ist natürlich absolut in Ordnung, auf dem Radergometer noch einmal die letzten Facebook-Postings zu lesen oder E-Mails zu checken. Handys sind nicht die Geißel der Trainingslandschaft. Wichtig ist es, sich fokussieren zu lernen und auf die jeweilige Belastung zu konzentrieren.

Auch das „Hereinfinden" in eine Einheit kann schrittweise erfolgen, sodass auf dem Ergometer vielleicht zunächst der Körper (Blutstrom beschleunigen) und erst ab dem anschließenden Foam Rolling auch der Geist vorbereitet wird, indem das Handy zur Seite gelegt wird. Aber selbst zwischen den Arbeitssätzen sollte man es hinbekommen, im Handy seine Leistung zu notieren oder – insbesondere bei längeren Pausen – kurz eine Nachricht zu beantworten, ohne jeglichen Fokus an der Langhantel zu verlieren. Im Gegenteil kann es sogar hilfreich sein, bewusst Aufmerksamkeitsspitzen auf die Dauer der Belastung zu legen und danach etwas zu entspannen. Darüber hinaus dienen moderne Smartphones oftmals auch als Musikplayer, was zum nächsten Gedanken führt:

Musik berührt ausnahmslos jeden Menschen und spielt auch im Training der meisten eine tragende Rolle. Aus dem Zusammenstellen der optimalen Playlist für das Training macht der eine oder andere eine echte Wissenschaft. Die Wahl fällt dabei oft auf Metal, Rap und andere eher harte Stilrichtungen, die das oftmals eintönige Gedudel des Fitnessstudios übertönen sollen.

Eine etwas außergewöhnliche Empfehlung, die allerdings einen Versuch wert ist, sprach der Athletik-Coach Mark Verstegen vor einigen Jahren aus. Der Mann wird einigen Lesern vielleicht noch aus der Zeit, als Jürgen Klinsmann Trainer der deutschen Nationalmannschaft war, ein Begriff sein. Verstegen und sein Team kümmerten sich damals um die Fitness der Nationalspieler. Verstegen bemerkte selbst, dass die meisten Kraftsportler möglichst aggressive Musik bevorzugen. Er selbst empfahl jedoch, es einmal mit klassischer Musik zu versuchen, um ganz in die eigene Welt einzutauchen.

Polka auf dem Powerlifting-Event?

Andy Dörner, einer der stärksten deutschen Powerlifter, nutzte in seinen Wettkämpfen regelmäßig Lieder, die in die Sparte „Lebt denn der alte Holzmichl noch?" gepackt werden können. Das mag für einige so motivierend wirken wie die Aussicht auf eine Wurzelbehandlung, soll aber verdeutlichen, dass Musik sehr unterschiedlich wahrgenommen werden kann.

Wichtig ist vor allem, dass wir positive Bezüge zum gewählten Musikstück herstellen können: Andy wechselte beispielsweise auf Anraten seines Motivationscoachs nach einem Wettkampf, der nicht wie erwartet verlief, seine Songauswahl, um keine negativen Bezüge aufkommen zu lassen. Dafür mag jeder unterschiedlich empfänglich sein, wer aber jeden Abend zur Entspannung „My heart will go on" von Céline Dion hört, sollte dies nicht unbedingt vor seinem nächsten Maximalversuch für Kniebeugen tun. Wen das Lied dagegen aggressiv macht, der könnte es durchaus einmal ausprobieren.

Letztendlich spricht auch nichts dagegen, die Musik je nach Phase im Training zu wechseln. Ich selbst wähle beispielsweise für schwere Trainingssätze oder

Maximalversuche gern gezielt ein Lied in meiner Playlist, das mich an diesem Tag motiviert. Worum es sich dabei genau handelt, kann von Einheit zu Einheit variieren.

Foam Rolling: Massiere deine Faszien

Sobald diese ersten Minuten vorüber sind, macht es Sinn, sich weitere drei bis zehn Minuten Zeit zu nehmen, um die Muskulatur mit einer Blackroll oder einem Lacrosse-Ball zu massieren.

Blackroll oder Lacrosse-Ball? Was soll ich wählen?

Viele Trainierende können sich vor dem Kauf der Gerätschaften nicht zwischen Blackroll oder Ball entscheiden, die es zudem noch in jeweils verschiedenen Größen und Materialien gibt. Die kleine Beratung in dieser Box kann sicherlich nicht als abschließend betrachtet werden und ist ohne Frage auch subjektiv geprägt, bietet aber dennoch einige sinnige Hinweise zur Erleichterung der Kaufentscheidung. Die wichtigste Frage vorweg: Blackroll oder Ball?

Beides!

Blackroll ist streng genommen ein Markenname. Synonym kann auch vom Foam Roller gesprochen werden, den es inzwischen von verschiedenen Herstellern in unterschiedlichsten Stärken und mit unterschiedlichen Oberflächenstrukturen gibt. Ich selbst habe mir vor Jahren eine Standard-Blackroll mit glatter Oberfläche gekauft und kann daher keine Erfahrungen zu Alternativen anderer Marken und mit strukturierter Oberfläche geben. Unbedingt beachtet werden sollte auf jeden Fall eine gewisse Stärke bzw. Festigkeit der Rolle. Einheitliche Maßzahlen oder Standards gibt es hier nicht, einige Anbieter haben aber relativ weiche Rollen im Sortiment, die für Anfänger angenehm sein mögen, dem letztendlichen Ziel der Selbstmassage jedoch nicht zuträglich sind.

Der Nachteil der Blackroll bzw. des Foam Roller liegt darin, dass sie recht großflächig wirken und keine punktuelle Bearbeitung von Gewebe zulassen. Hinzu kommt, dass die Rolle etwas sperrig ist und sich daher für die Mitnahme ins Fitnessstudio oder auf Reisen nur bedingt eignet. Aus diesem Grund gehört ebenfalls ein Lacrosse-Ball in die allgemeine (Kraft-)Sportlerausrüstung. Hier gilt dasselbe wie bei der Rolle: Die Mobility-Lacrosse-Bälle sind härter als zum Beispiel das Sportgerät, das beim Lacrosse genutzt wird. Die Mobility-Variante

> sollte entsprechend die erste Wahl sein, um auch langfristig damit arbeiten zu können.
>
> Wer schließlich eine gewisse Eingewöhnung hatte und fast nur noch den Lacrosse-Ball nutzt, kann die Blackroll dennoch weiterhin für die Bearbeitung des Core nutzen: auf dem Rücken, aber auch auf der linken und rechten Körperseite des Rumpfes, was das bewusste Anspannen beim Beugen oder Heben verbessern kann.

Ich empfehle die Zusammenstellung einer festen Routine, die vor jedem Training absolviert wird – auch unabhängig davon, ob die bearbeitete Muskulatur an dem Tag bewusst und direkt trainiert wird. Das bedeutet also, die Beine sollten auch am Arm-Tag massiert werden. Klingt komisch, lässt sich aber zweifach begründen: Erstens wird Muskulatur oftmals indirekt genutzt. Zweitens lassen sich Bewegungseinschränkungen nicht in zwei, drei Einheiten pro Woche bewältigen, wenn sie sich über das gesamte Leben gebildet haben. Die Massageroutine mag am Anfang etwas langweilig erscheinen, aber dein Körper wird es dir langfristig danken.

Letztendlich ist es mit dem Foam Rolling wie mit dem Zähneputzen: Damit sollte man ja auch nicht erst dann beginnen, wenn man bereits Karies hat!

An Trainingstagen, an denen es schwierig ist, „reinzukommen" (wer bereits länger trainiert, wird wissen, was gemeint ist), kann eine bewusst längere Aufwärmphase helfen, aus einem potenziell schlechten Training ein zumindest brauchbares zu machen. Also gilt an Tagen der Demotivation, Müdigkeit und des mangelnden Fokus: mehr Zeitinvestition in Selbstmassage und Stretching!

Wecke den Kamasutra-Leoparden in Dir!

Auch ich hielt über ein Dutzend (!) Trainingsjahre hinweg Mobilisieren vor der eigentlichen Trainingseinheit für Alte-Menschen-Gymnastik. Bewegungsvielfalt im Schlafzimmer dagegen war okay. Aber die Liebe mit dem Eisen war schon immer von einer besonderen Natur. Indische Verbiegungskunst war darin nicht vorgesehen.

Bis ein dicker amerikanischer CrossFit-Trainer (Er beschreibt sich selbst so!) aus San Francisco Einzug in mein Leben hielt. Der Zufall machte mich mit Kelly Starrett und seinem Buch „*Werde ein geschmeidiger Leopard*" bekannt. Ich habe etliche Wettkämpfe vom Ringen über Kraftdreikampf und Bodybuilding bis zum Marathonlauf mit (sehr) guten Ergebnissen bestritten, trainiere seit inzwischen über 20 Jahren und habe aus dem kleinen dicken Jungen, der ich einst war, mehr herausgeholt, als ich es als pubertierender Jugendlicher zu erträumen gewagt hätte. Würde man mich jedoch fragen, welche Sache ich in meinem Sportlerleben verändern würde, so gäbe es eine klare Antwort ... Los, frag mich!

Ich wünschte, ich hätte die sinnvolle und gezielte Mobilisierung früher für mich entdeckt. Starretts Buch bietet einen detaillierten und gut illustrierten Überblick darüber, warum und wie man einzelne Körperpartien auf anstehende Belastungen optimal vorbereiten kann. Die eigene Mobility-Routine mag individuell verschieden sein und es kann zu Beginn eine Weile dauern, bis man für sich eine sinnvolle Reihenfolge gefunden und verinnerlicht hat. Aber nach wenigen Wochen wird diese zunächst vielleicht sogar als lästig empfundene Aufgabe zu einem wohltuenden Programmpunkt eines jeden Workouts werden. Garantiert.

Dieser Abschnitt des Buches kann und soll daher gar kein Ersatz für den geschmeidigen Leoparden sein, aber ein paar Hinweise darauf enthalten, welche Körperpartien meiner Ansicht nach vor jedem Training in den Fokus genommen werden sollten. Da wir im Alltag dazu neigen, in eine ungünstige Körperhaltung zu verfallen, entwickeln wir oft Fehlhaltungen in den folgenden Arealen: Hüfte, Brustwirbelsäule und Fußgelenk sind drei Schlüsselpunkte unseres Körpers, die heutzutage bei vielen mangelnde Beweglichkeit und Fehlstellungen aufweisen.

Wichtig ist, dass die Mobilisierung vor dem Training ein Stretching darstellt, kein Dehnen! Das bedeutet, dass man in die jeweilige Spannung dynamisch drei bis fünf Mal hinein und wieder herausgeht, ohne dabei übertrieben zu federn. Die Bewegung also so weit ausführen, dass kurz Spannung entsteht. Bewusste Bewegungsausführung und dynamische Wechsel zwischen den Dehnungen ohne Verharren in einer Position sind die beiden wichtigsten Hinweise bei der Umsetzung. Statisches Dehnen nimmt die Spannung aus der Muskulatur – ein Effekt, den wir lieber im Cool-down als bei der Erwärmung sehen wollen. Das dynamische Stretchen führt hingegen zu einer Erweiterung des Bewegungsumfanges unserer Gelenke, ohne die Muskeln zu entspannen. Genau das, was wir wollen!

Mobilisieren und Stretching: Leistungssteigerung oder verschlechterung?

Es gibt Kritiker, die Mobilisieren oder Stretching vor dem Training mit der Begründung ablehnen, dass sie zu einer Leistungsverschlechterung oder erhöhter Verletzungsgefahr führen würden. Wie ist dies zu bewerten?

Zunächst einmal ist die Warnung nicht völlig von der Hand zu weisen, allerdings differenziert werden: Wer sich über viele Jahre aufgrund eingeschränkter Mobilität schlecht bewegt und Übungen nicht von Anfang an korrekt erlernt hat, wird bei Aufnahme des Mobilitätstraining aufgrund der verbesserten bzw. veränderten Beweglichkeit plötzlich ganz andere Bewegungsabläufe umsetzen können und damit die Muskulatur völlig anders belasten. Das bedeutet, dass zuvor ungenutzte und daher geschwächte Muskeln auf einmal deutlich mehr Arbeit verrichten müssen, wenn der Trainierende mit dem bisherigen Gewicht weitertrainiert und nicht auf seinen Körper hört.

Es ist also durchaus möglich, dass mit dem Einstieg in das Mobility-Training zunächst ein erhöhtes Verletzungspotenzial entsteht. Die Ursache liegt dann aber darin, dass die Muskulatur in der Vergangenheit falsch belastet wurde und daher verkümmerte.

Möglicher Spannungsverlust der Muskulatur, der immer wieder diskutiert wird, wäre wiederum auf Dehnen vor der eigentlichen Belastung zurückzuführen.

Unabhängig davon gibt es – insbesondere im Leistungssportbereich – „gewünschte" Bewegungseinschränkungen, da so mehr Spannung aufgebaut wird.

Mein Tipp für die Praxis: Wenn du eine Überkopfkniebeuge mit einer leichten Kettlebell direkt über den Kopf (am lang ausgestreckten Arm gehalten) sauber ausführen kannst (tief und ohne Abknicken des Beckens), benötigst du kein Mobilitäts-training als Kraftsportlerin. Falls es dir nicht gelingt, hast du Bewegungsdefizite, die gelindert werden sollten.

Für die konkrete Umsetzung sei das Buch von Starrett mit unzähligen Fotos jeder Leserin ans Herz gelegt. Zum Abschluss der Mobilisierung empfehle ich, ein bis zwei Minuten in die Schulterprävention zu investieren. Je nach Belieben sind hier sicherlich diverse Übungen möglich, ich selbst bevorzuge aber die Arbeit mit einem

Thera-Band. Mit dynamischen Bewegungen sollte die Schultermuskulatur, die durch ein höchst komplexes Gelenk mit dem Körper verbunden ist, in alle Richtungen mit zehn bis 15 Wiederholungen bewegt werden. Vor allem der seitliche und hintere Schulterbereich sollten in diesen wenigen Minuten aktiviert werden, da diese von vielen männlichen wie weiblichen Sportlern zu stiefmütterlich behandelt werden. Fassen wir das bisher Gesagte zusammen:

- drei bis fünf Minuten auf dem Radergometer locker den Puls antreiben
- drei bis zehn Minuten die Faszien massieren, ohne dabei unangenehme Schmerzen zu erzeugen
- mindestens fünf Minuten gezieltes Stretching/Mobilisieren, das auch der Muskelaktivierung dienen kann
- ein bis zwei Minuten Schulter-Mobility

Insgesamt hat man somit schon mehr Zeit im Studio verbracht, als manch Fitnessprogramm an wöchentlichem Zeitaufwand für den Traumbody verspricht, aber der Körper wird es einem langfristig danken. Schließlich wollen wir nicht nur zehn Wochen, sondern vielleicht zehn Jahre und länger körperlich aktiv bleiben und Verletzungen vermeiden.

Spezifisches Aufwärmen an der Langhantel

Je nachdem, wie der Belastungsteil gestaltet wird, sollte vor allem vor schweren Arbeitssätzen eine zusätzliche gezielte Erwärmung erfolgen. Während die bisherigen Ausführungen also generell für Trainingseinheiten vom CrossFit-Workout über den Ausdauerlauf bis hin zur Powerlifting-Einheit galten, sollen noch ein paar Worte zu bewusst gestalteten Aufwärmsätzen für komplexe (Langhantel-)Übungen fallen – Kreuzheben, Kniebeugen usw.

Der erste Aufwärmsatz beginnt in der Regel mit der blanken Stange. In der Regel? Es gibt Ausnahmen. Wer mehr als 120 Kilogramm im Kreuzheben bewegt, kann und sollte mit 40 bis 60 Kilogramm einsteigen, auch um die richtige Startposition dank Gewichtsscheiben finden zu können. Wer lediglich die leere Stange bei der Military Press bewegt, tut vielleicht gut daran, den einen oder anderen Satz mit Kurzhanteln auszuführen, bevor mit der Hauptübung begonnen wird.

Ein Gewicht von 20 bis 50 % des eigentlichen Arbeitsgewichtes ist in der Regel als erster Aufwärmsatz sinnvoll.

Für den ersten Satz sollte ein Gewicht gewählt werden, mit dem ohne Probleme zehn Wiederholungen möglich sind. In welchen Abstufungen das Gewicht erhöht wird, hängt von der Komplexität der Übung und vom finalen Arbeitsgewicht an diesem Tag ab. Für Kniebeugen würde ich den einen oder anderen Aufwärmsatz mehr einfügen als für die Military Press.

Die notwendige lokale Durchblutung der beteiligten Muskeln geschieht vergleichsweise schnell. Das langsame Herantasten an das Trainingsgewicht dient in erster Linie dazu, das Nervensystem an den Bewegungsablauf zu gewöhnen und den „Flow" zu erlangen. Keinesfalls sollten die Aufwärmsätze als Mittel zur Vorermüdung verstanden werden. Nach dem ersten Satz mit etwa zehn Wiederholungen werden im zweiten Satz maximal fünf Wiederholungen absolviert. Spätestens ab dem dritten Satz sind aber nur noch Singles (also Einzelwiederholungen, nicht ungebundene Männer im heiratsfähigen Alter) zielführend, wobei das Gewicht jeweils um ca. zehn bis 20 % gesteigert wird. Ein Beispiel für 80 Kilogramm Kreuzheben könnte somit wie folgt aussehen:

- 10 x 20 kg
- 5 x 40 kg
- 1 x 60 kg
- 1 x 70 kg
- Arbeitssatz mit 80 Kilogramm (dieser hat nun in der Regel wieder mehr Wiederholungen)

Während zwischen dem ersten und zweiten Aufwärmsatz noch eine sehr kurze Pause genügt, sollten vor dem eigentlichen ersten Trainingssatz mindestens zwei Minuten Erholung eingeplant werden, um ausreichend Erholung für das eigene Training zu gewährleisten. Das mag den meisten Bodybuildern und Cross-Fittern allzu großzügig erscheinen. Powerlifter sollten diese Grundsätze dagegen längst verinnerlicht haben und nutzen oftmals gar zehn Minuten und mehr zwischen den entscheidenden Maximalsätzen.

Der Hintergrund ist, dass die Kreatinspeicher der Muskelzellen, die für maximale Anstrengung herangezogen und aufgebraucht werden, bis zu fünf Minuten brauchen, um wieder aufgefüllt zu werden. Wer also zu kurze Pausen macht, verschenkt Potenzial, wenn es um maximale Kraftleistungen geht!

Aber zieht sich das Training nicht eine Ewigkeit hin, wenn für jede Übung dieses Aufwärmschema angewendet wird? Ohne Frage. Deshalb werden die Aufwärmsätze für alle weiteren, weniger komplexen Übungen auch auf null bis drei, die zügiger ausgeführt werden, reduziert. Ausnahmen stellen hier Gewichtheber oder Powerlifter dar, die lange Trainingseinheiten mit dem Schwerpunkt auf sehr wenige Übungen durchführen. Fitnesssportler/-innen müssen dagegen nicht jede ihrer drei verschiedenen isolierten Beinübungen derart aufwendig erwärmen.

Übungen, die sich nicht großartig vom bisherigen Training bezüglich belasteter Muskulatur unterscheiden, kommen oftmals mit nur einem oder sogar ganz ohne Aufwärmsatz aus. Nicht nur, weil der Körper bereits physisch und psychisch präpariert ist. Sondern auch, weil die Muskulatur vorerschöpft ist, sodass das Trainingsgewicht deutlich geringer als im erholten Zustand ausfällt. Wer hingegen mehrere Muskelgruppen in einer Einheit kombiniert, jedoch isoliert trainiert, wird bei neuen Belastungen eventuell gern noch den einen oder anderen Aufwärmsatz einschieben. Entscheide hier nach Gefühl und sammle deine eigenen Erfahrungen.

B wie Belastung

Damit kommen wir zum Hauptteil einer Trainingseinheit, die, je nach Ausgangslage und Trainingsziel, völlig unterschiedlich gestaltet werden kann. Was bleibt, ist zunächst die Frage nach unserem Trainingsmotiv und wie wir uns erinnern, gab es verschiedene Antworten auf diese Frage:

- Fettabbau
- Kraftaufbau
- Muskelaufbau
- Verbesserung der Ausdauer

Der Schwerpunkt dieses Buches soll auf Fettabbau, Muskelaufbau und Kraftaufbau liegen. Dies hat den einfachen Grund, dass Ausdauertraining je nach Gestaltung recht komplex sein kann und in der Regel mit steigendem Trainingspensum verbunden ist. In diesem Fall wäre wiederum die entsprechende Bewegungsumsetzung (meist Laufen) von großer Bedeutung, was wiederum ganze Bücher füllen kann. Einen meiner Ansicht nach sinnvollen Einstieg in diese Thematik schlage ich in den Buchempfehlungen am Ende dieses Kapitels vor.

Bevor wir uns Fettabbau, Muskel- und Kraftaufbau widmen, wollen wir aber noch einmal einen kurzen Blick darauf werfen, wie Muskelanspannung biochemisch funktioniert. Ein zugegeben recht theoretisches Thema, das jedoch für das Verständnis späterer Themenschwerpunkte (beispielsweise Mikronährstoffbedarf, Vitamin-D-Mangel etc.) noch interessant und praktisch sein wird.

Muskeln anspannen

Wir erinnern uns, dass Muskulatur, die wir bewusst anspannen können, aus sogenannten quergestreiften Muskelfasern besteht. Um zu verstehen, was bei Belastung genau passiert, muss man sich diese Muskelfasern genauer anschauen.

Muskeln bestehen aus einzelnen Muskelbündeln, die wiederum in Muskelfasern unterteilt werden. Jene Anteile dieser Muskelfasern, die angespannt werden können, werden Myofibrillen genannt und bestehen aus Sarkomeren. Zugegeben, viele Fachbegriffe, die für uns nicht im Detail relevant sind. Wir merken uns nur, dass wir gerade mit der Lupe gaaanz nah an den Muskel herangehen, bis wir schließlich so nah dran sind, dass wir Sarkomere erkennen.

Diese beinhalten wiederum verschiedene molekulare Strukturen, für das Verständnis des Anspannens müssen wir aber nur Aktin und Myosin kennenlernen. Diese sind für die Anspannung einer Muskelfaser zuständig. Die Bestandteile gleiten aneinander vorbei und verkürzen die sogenannten Sarkomere.

Muskelanspannung bedeutet also immer eine Muskelverkürzung.

Wenn auch eine ziemlich kleine unter unserer Lupe. Das Sarkomer zieht sich nämlich nur 2,7 Tausendstel-Millimeter zusammen, wie die Grafik veranschaulicht.

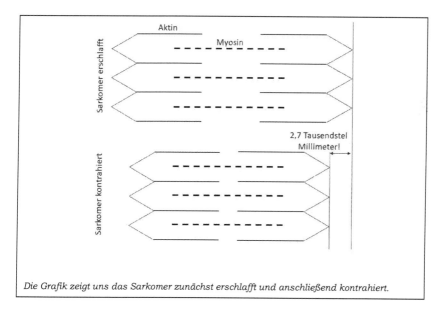

Die Grafik zeigt uns das Sarkomer zunächst erschlafft und anschließend kontrahiert.

Diese Verkürzung verbraucht ATP (Adenosintriphosphat), den universellen Energieträger des Körpers, dessen Reproduktion im folgenden Abschnitt noch thematisiert wird.

Das Zusammenziehen geschieht wiederum durch den Myosinkopf, den wir sehen, wenn wir noch etwas näher heranzoomen. Der Myosinkopf bindet ATP. Wird dieses verbraucht und ATP dabei in ADP (Adenosindiphosphat) und ein Phosphatmolekül geteilt, wird die freigesetzte Energie für den Kontakt zwischen dem Myosinköpfchen und dem Aktin genutzt. Beim Zurückschnellen des Köpfchens zieht sich das Aktin zusammen und wir beobachten die bereits beschriebene Muskelverkürzung.

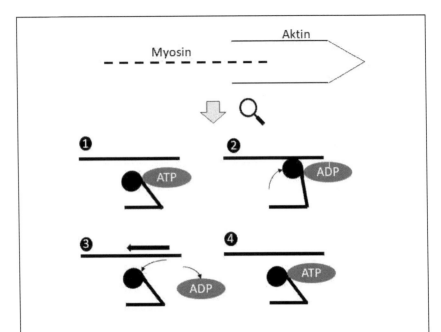

Gehen wir mit der Lupe noch näher an das Sarkomer heran, erkennen wir nun in Abschnitt 1 das Myosinköpfchen mit ATP-Anhaftung. Abschnitt 2 verdeutlich die Anhaftung an das Aktin, was ATP zu ADP werden lässt. Das Zurückschnellen auf Abschnitt 3 sorgt schließlich für die Kontraktion, wie wir sie in der oberen Grafik bereits sahen. Abschnitt 4 stellt nun wieder die Ausgangsituation aus Abschnitt 1 dar.

Ein Mikronährstoff, der bei diesem Vorgang von entscheidender Bedeutung ist, ist Calcium. Nur bei einer ausreichenden intrazellulären Calciumkonzentration kann das Myosinköpfchen überhaupt ATP binden. Im Anschluss an die Nutzung wird Calcium wieder aus der Zelle geschleust. Es wird also nicht verbraucht. Ein allgemeiner Calciummangel kann zu einer verschlechterten Muskelkontraktionsfähigkeit führen. Darüber hinaus bedarf das Zurückführen des Calciums ein wenig Zeit.

Das Calcium, das dem Körper zur Verfügung steht, ist zum einen von der Zufuhr (insbesondere über Milchprodukte) und der Vitamin-D-Versorgung (steuert die Calciumaufnahme) abhängig. Wer wenige Milchprodukte konsumiert und den Mangel nicht bewusst durch andere Calciumquellen auffängt und/oder eine schlechte Vitamin-D-Versorgung aufweist, wird die Muskulatur nicht optimal nutzen können.

Zudem wird Calcium im Dünndarm recycelt. Wenn der Körper also beispielsweise beim Knochenabbau Calcium freigibt, gelangt dieses in den Dünndarm und muss dort erneut vom Körper aufgenommen werden. Im Rahmen einer pflanzenbetonten Ernährung kann es passieren, dass das Calcium an sekundäre Pflanzenstoffe gebunden und ausgeschieden wird. Insbesondere Veganerinnen sollten somit Calcium für eine mittelfristige Leistungsfähigkeit und langfristige Knochengesundheit supplementieren.

Dieses Prinzip nutzen beispielsweise Sprinter, die vor dem eigentlichen Sprint ein paar Sprünge im Bereich des Startblocks absolvieren und so Calcium zunächst in die Muskelzelle schleusen. In der Zeit bis zum Startschuss soll nun nicht alles Calcium wieder aus der Muskulatur herausgeführt sein, sodass eine optimierte ATP-Andockung und damit Kraftanstrengung möglich ist. Auf Kraftsportler und Bodybuilder übertragen, könnte der gleiche Effekt durch einige explosive Liegestütze vor dem Bankdrücken oder Standsprünge oder explosive Air Squats vor dem Kniebeugen erzielt werden.

Warum Fettabbautraining nicht optimal ist: Was wir beim Training verbrauchen

Wir wissen nun also, dass für die Muskelanspannung der Mikronährstoff Calcium sowie ATP notwendig sind, wie jede Leserin sicherlich irgendwann einmal im Biologieunterricht kennengelernt hat. ATP ist in den Muskelzellen in ausgesprochen geringen Mengen gespeichert ist. Die Literatur geht davon aus, dass sich die Vorräte in weniger als zwei (!) Sekunden (!) bei maximal möglicher Belastung (Maximalkraftversuch im Gewichtheben, Hochsprung, Sprint etc.) leeren. Ohne ATP sind keine weiteren Muskelkontraktionen möglich, jede Bewegung kommt zum Stillstand.

Entsprechend benötigt der Körper effektive Wege, um schnell neues ATP zu bilden. Dies gelingt auf zwei unterschiedlichen Wegen: unter Zuhilfenahme von Sauerstoff (aerob) oder ohne Sauerstoff (anaerob), wobei die aerobe

Energiegewinnung ertragsreicher, aber auch langsamer stattfindet.

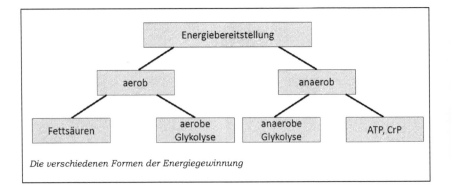

Die verschiedenen Formen der Energiegewinnung

Ohne Sauerstoff (anaerob) kann neues ATP entweder mithilfe von Creatinphosphat (CrP) oder der anaeroben Glykolyse gewonnen werden. Beim Vorgang der Glykolyse wird ATP aus Kohlenhydraten gewonnen, die in der Muskulatur in einer speziellen Speicherform – der Glucose – vorliegen. Hierbei entsteht Laktat, das aus Leistungstests (Laktatmessung) bekannt sein dürfte. Was auffällt: keine Fettverbrennung durch vermehrte Belastung soweit. Die ATP-Rückgewinnung basiert auf CrP, ATP und Glucose.

Deutlich effizienter ist die Energiebereitstellung bei ausreichender Sauerstoffzufuhr, wie sie in der Regel im Alltag gegeben ist, bei normaler Atemfrequenz und ruhigem Pulsschlag. Hierzu können entweder Fettsäuren (aus der kürzlich verzehrten Nahrung oder aus dem Körperfett) oder Kohlenhydrate (aus der kürzlich verzehrten Nahrung oder den Kohlenhydratspeichern) genutzt werden. Der Puls darf für eine stetige Fettverbrennung in der Muskulatur nicht zu hoch sein, weshalb vor allem Bodybuilder oftmals auf den Fettverbrennungspuls verweisen und sich im Zeitlupentempo auf dem Radergometer bewegen. Je langsamer ich mich allerdings beim Cardio-Training bewege, desto weniger groß ist die Belastung und desto weniger Kalorien verbrauche ich. Die Zeit, die mir für andere Dinge fehlt, ist also nicht sonderlich effektiv investiert. Heißt das, durch sportliche Aktivität ist keine nennenswerte Fettverbrennung möglich? Jein.

Zum besseren Verständnis schauen wir uns aber erst einmal an, was passiert, wenn wir nicht mit den Füßen in den Pedalen einschlafen, sondern mit möglichst großer Intensität Gewichte bewegen, in die Pedale treten oder uns anderweitig mit höchstem Einsatz bewegen. Die folgende Grafik stellt die Energiebereitstellung während einer andauernden, maximalen Belastung dar. Maximal heißt: so schnell, stark, intensiv, wie es über einen Zeitraum X aufrechterhalten werden kann (was sich zwangsläufig mit der Zeit verringern wird – niemand hält seine 100-Meter-Laufgeschwindigkeit auf 1 000 Meter durch). Während in den ersten zehn bis 30 Sekunden vor allem Creatinphosphat dazu genutzt wird, ATP zu resynthetisieren, gewinnt die anaerobe Glukose-Verstoffwechselung (also ohne Sauerstoffverbrauch) in der Phase bis zu Minute zwei an Bedeutung, bis schließlich die aerobe Verstoffwechselung, also die Energieerzeugung unter Zuhilfenahme von Sauerstoff, den entscheidenden Anteil übernimmt.

Während davon ausgegangen werden kann, dass in den ersten acht Minuten noch überwiegend Kohlenhydrate verbraucht werden, gewinnt die Fettverbrennung zur Muskelenergiegewinnung danach an Bedeutung, bis die Kohlenhydrate nach ca. 60 Minuten schließlich nur noch eine sehr geringe Relevanz haben. Das bedeutet nicht, dass die Kohlenhydratspeicher vollständig geleert werden, sondern nur, dass die Energiegewinnung aus Fettsäuren nun dominiert.

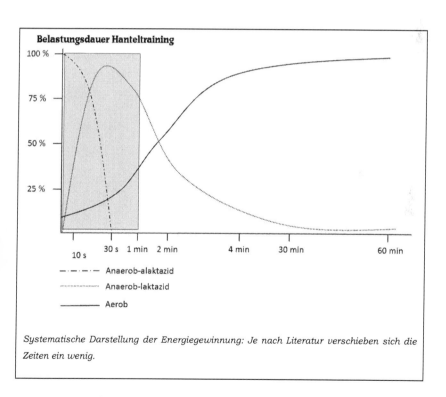

Systematische Darstellung der Energiegewinnung: Je nach Literatur verschieben sich die Zeiten ein wenig.

Effektive Fettverbrennung durch sportliche Aktivität beginnt also nach einer Belastungsdauer von fast einer Stunde. Längere Ausdauereinheiten sind gut und sinnvoll, wenn sie einem konkreten Leistungsziel dienen – einen Marathon durchhalten, den Halbmarathon in unter zwei Stunden laufen etc. Wer jedoch in erster Linie an Muskelformung und Kraftaufbau interessiert ist, investiert viel Zeit, die nicht nur anders genutzt werden könnte, sondern auch die Regeneration negativ beeinflussen kann. Das soll nicht missverstanden werden:

Ich habe selbst bereits vier Marathonvorbereitungen im Zusammenhang mit schwerem Hanteltraining absolviert und innerhalb einer Woche sowohl mehr als mein zweifaches Körpergewicht gebeugt (also über 150 Kilogramm bei 75 Kilogramm Körpergewicht mehrfach wettkampftief), mein zweieinhalbfaches Körpergewicht gehoben (über 200 Kilogramm bei 75 Kilogramm Körpergewicht) als auch einen dreistündigen Nüchternlauf absolviert. Dennoch verschenkte ich mit diesem Vorgehen (bewusst) Potenzial, was die Kraft- oder die Ausdauerleistung angeht. Als Botschaft sollte man sich merken:

Lange Ausdauereinheiten verbrennen (Körper-)Fett, können für Sportler, die ihren Körper formen wollen, aber ein schlechtes Zeitinvestment sein.

Als Veranschaulichung kann man das Bild des Grenznutzens aus den Wirtschaftswissenschaften heranziehen: Während der erste Schnaps am Abend noch für gute Laune sorgt und sich die Wirkung beim zweiten oder dritten Glas spürbar verstärkt, ist der Mehrwert bzw. -nutzen beim elften oder zwölften Glas kaum noch wahrnehmbar – oder den Kater am nächsten Tag wert. Ähnlich ist es mit dem Cardio-Training, wenn wir unseren Energiebedarf vergrößern wollen. Ob man in der Woche zehn oder zwölf Stunden auf dem Radergometer verbringt, wird in der Kalorienbilanz weniger Nutzen bewirken, als es uns Regeneration und vor allem Zeit für andere Dinge im Leben kostet. Das bedeutet natürlich nicht, dass Cardio-Training keine Berechtigung im Sport hätte! Nur hier liegt auch bereits die Lösung dieses vermeintlichen Widerspruchs: Das Wort *Cardio* bezieht sich auf den Herzkreislauf und nicht auf die Love Handels im Hüftbereich.

Eiweiß spielt dagegen keine bedeutende Rolle bei der Energiegewinnung im Training, weshalb es in der sportwissenschaftlichen Literatur praktisch nie als Energiequelle erwähnt wird. Erst nach ca. 60 Minuten greift die Muskulatur auf die vorrätigen Aminosäuren zurück – sie stellen dann immerhin bis zu 10 % der benötigten Energie zur Verfügung. Noch einmal: bei konstanter Belastung! Ein Zustand, der im Hantelbereich des Fitnessstudios nicht erreicht wird. Aminosäurenpräparate zum Muskelschutz sind daher eher ein Produkt mit starkem Marketing als tatsächlich lohnenswerter Bestandteil der Ernährung. – Ich selbst verwende allerdings BCAAs während des Trainings, einfach weil ich mich doch ein wenig als Teil der Shaker-Generation betrachte, für die Aminosäuren der Psyche wegen zum Training gehören. Motivation und Lifestyle bleiben letztendlich wichtige Entscheidungsfaktoren.

Hinzu kommt ein weiterer Punkt, der für einige Leser ernüchternd sein könnte:

Wenn Fettverbrennung stattfindet, werden zunächst in der Muskulatur gespeicherter Fetttröpfchen zur Energiegewinnung herangezogen – nicht das hartnäckige Fett am Bauch, an den Beinen oder im Hüftbereich.

Ist Cardio-Training also sinnlos, wenn man seinen Kalorienverbrauch erhöhen will? Nein! Die nächste Grafik zeigt den Anteil der einzelnen Nährstoffe an der Energiegewinnung bei 65 % VO2-Max, was umgerechnet in etwa 80 % der maximalen Herzfrequenz entspricht. Dauerhaft! Das entspricht bei einer 20-Jährigen– wohlgemerkt abhängig von Gewicht, Trainingszustand, Genetik usw. – einem dauerhaften Puls von etwa 160.

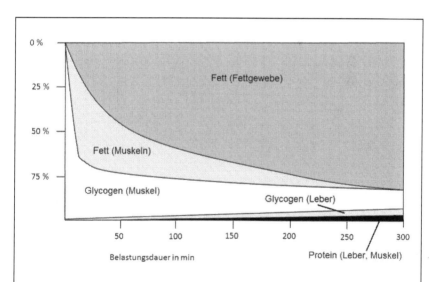

Anteil der Nährstoffe an der Energiegewinnung nach Schek bei ca. 80 % der maximalen Herzfrequenz aus „Ernährung für (Kraft-)Sportler".

Wir als Sportler sollten beginnen, umzudenken:

Sportliche Aktivität sollte in erster Linie die (Muskel- und Mitochondrien-) Proteinbiosynthese ankurbeln und die Kohlenhydratspeicher leeren. Dies ist der Hauptbeitrag, den es zur Reduzierung von Körperfett leisten kann. Weder der Kalorienverbrauch pro Trainingseinheit noch die direkte Inanspruchnahme von Fett zur Energieerzeugung spielen eine nennenswerte Rolle. Fettverbrennung findet vor allem außerhalb des Trainings statt und wird über die tägliche Aktivität, Kalorienzufuhr und das Nährstofftiming gesteuert.

Proteinbiosynthese beschreibt die Bildung von Proteinstrukturen aus Aminosäuren. Im Rahmen der Verdauung werden Proteine in Aminosäuren zerteilt. Wie eine Perlenkette werden also die einzelnen Perlen vom Körper aufgenommen.

Je nachdem welches spezifische Protein (Perlenkettenmuster) der Körper nun benötigt, werden die entsprechenden Aminosäuren (Perlen) in der jeweiligen Reihenfolge bei Bedarf kombiniert.

Die Proteinbiosynthese von Muskeln und Mitochondrien beschreibt somit den Muskelaufbau oder den Aufbau von Mitochondrien, die noch einmal im nächsten Kasten kurz aufgegriffen werden.

Aus diesem Grund predige ich in meinen Trainingsprogrammen auch immer das Prinzip der intensiven, maximal dauerhaften Ausdauerleistung. Steady-state as fast as possible! Weder Tabata oder sonstige HIIT-Konzepte noch Slow and Steady, wie es die meisten Trainierenden immer noch hartnäckig betreiben. Beides ist in Bezug auf eine Körperfettreduktion ineffektiv(er). HIIT birgt den Nachteil der Regenerationsverlängerung, wohingegen Slow and Steady vor allem auf Kosten der Lebenszeit und oftmals auch Motivation geht. (Intensives) Training dient aus Sicht der Energieträger in erster Linie dazu, die Kohlenhydratspeicher der Muskulatur zu leeren, die nur bei gezielter Belastung genutzt werden, sodass über die Nahrung zugeführte Kohlenhydrate dort gespeichert werden können und nicht (temporär) in Fett umgewandelt werden müssen.

Darüber hinaus bietet Training der Muskulatur natürlich weitere positive Effekte. Wir sollten uns nur von der Vorstellung eines „Fettabbau-Trainings" verabschieden, wenn man nicht zur Langstreckenläuferin werden will, was vermutlich auf die wenigsten Leser dieses Buches zutreffen wird. Fettverbrennung wird letztendlich über die Kalorienbilanz, die durch Aktivität jeglicher Form erhöht wird, und die Mitochondriengesundheit gesteuert.

Mitochondrien werden oftmals als „Kraftwerke der Zelle" bezeichnet und schwimmen im Zytosol unseres Zellinneren. Gemäß der *Endosymbiontentheorie* waren Mitochondrien einst Bakterien, die vor ca. vier Milliarden Jahren von den Zellen primitiver Mehrzeller vereinnahmt und zu Organen umfunktioniert wurden.

Die Mitochondrien ermöglichten die Entwicklung des höheren Lebens, da sie täglich bis zu 140 Kilogramm (!) ATP produzieren können. Eine unvorstellbar große Menge, wenn wir bedenken, dass die Umwandlung von Glukose zu Pyruvat gerade einmal zwei ATP-Moleküle hervorbringt.

In der Zelle selbst ist lediglich die anaerobe Energiegewinnung aus Kohlenhydraten möglich, bei der Glukose zu Pyruvat gewandelt wird, was relativ ineffizient ist. Fahren mit angezogener Handbremse wäre noch ein schmeichelhafter Vergleich. Nur in den Mitochondrien wird die aerobe Energiegewinnung umgesetzt. Entsprechend sind gesunde und möglichst viele Mitochondrien die Grundlage für die Energiegewinnung aus Fett.

Mitochondriengesundheit beschreibt die Tatsache, dass die Mitochondrien zwar existieren, aber nicht uneingeschränkt funktionieren können, wobei die Ursachen hierfür vielfältig sein können. Insbesondere schlechte Mikronährstoffzufuhr und Stress, aber auch Krankheiten, können hier die Ursache sein. Wer sich intensiver mit diesem Thema auseinandersetzen möchte, sollte zu „Mitochondrien: Symptome, Diagnose und Therapie" von Bodo Kuklinski greifen.

Sind die Mitochondrien gesund, verbraucht der Körper im Rahmen seines täglichen Energieumsatzes zum allergrößten Teil Fett als Energiequelle, ohne dass wir dies extra ankurbeln müssten, lediglich genug Geduld aufbringen und nicht zu viel (fr)essen. Das bedeutet nicht, dass wir die Sportschuhe an den Nagel hängen sollten und quasi schlank im Schlaf werden, wie es eine ganze Diätbewegung verspricht. Neben Förderung der Mitochondriengesundheit und notwendiger Reizsetzung für den Muskelaufbau (der wiederum den täglichen Energiebedarf erhöht), dient Training vor allem dafür, die Regale in den Lagerhallen, also die Kohlenhydratspeicher in unserer Muskulatur, zu leeren, damit neu zugeführte Kohlenhydrate dort ohne Probleme gespeichert werden können.

Wir sollten nicht von einem Fettabbau-, sondern einem Kohlenhydratabbautraining sprechen.

Auf den Kalorienverbrauch und den Einfluss von körperlicher Aktivität kommen wir noch im Ernährungsteil zu sprechen.

Kraft: Von Maximalkraft bis Kraftausdauer

Nachdem wir nun die Energiegewinnung im Training kennengelernt haben, wollen wir uns den Kraftaufbau bzw. die Faktoren, die dazu führen, näher anschauen. Keine Angst, all diese theoretischen Vorüberlegungen werden später noch praktisch(er) zusammengefasst. Jedoch sollte bereits jetzt klargeworden sein, dass unsere Trainingsgestaltung unterschiedliche Folgen nach sich ziehen kann.

Die Frage, ab wann jemand als stark bezeichnet werden darf, ist sicherlich diskussionswürdig. Während Frauen eher selten 100 Kilogramm im Kniebeugen wettkampftief (für mehrere Wiederholungen) bewältigen können, ist es für Männer die magische Grenze beim Bankdrücken, die für das Mannsein ungefähr so wichtig ist, wie die ersten richtigen Barthaare im Gesicht.

In der Praxis werden alle Leistungen, die mindestens 30 % des aktuell leistbaren Maximums betragen, als Kraftleistung definiert.

Würde eine Sportlerin also 100 Kilogramm im Kreuzheben bewältigen können, so spräche man ab dem einmaligen Bewegen von 30 Kilogramm von einer Kraftleistung im sportlichen Sinne. Es ist also immer eine Frage der Ausgangslage, ob jemand eine Kraftleistung (im sportlichen Sinn) erbringt.

Zusätzlich gilt: Kraft ist ungleich Kraft. Auch der Amateur erkennt, dass ein physischer Unterschied besteht zwischen dem langsamen, mühsamen Anheben einer Langhantel und dem dynamischen Umsetzen eines Olympischen Gewichthebers oder dem Stoßen einer Kugel beim Kugelstoßen.

Ein traditioneller Ansatz im Sinne von Vladimir Zatsiorsky teilt Kraft in die Komponenten Maximalkraft, Schnellkraft und Kraftausdauer ein. Im klassischen Eisensport ist darüber hinaus die Reaktivkraft von Interesse, die wir als vierte „Teilkraft" näher betrachten wollen.

Schauen wir uns die einzelnen Kräfte einmal an: **Maximalkraft** bezeichnet die höchste Kraft, die das neuromuskuläre System bei einer maximalen willkürlichen Kontraktion in einer exzentrischen, isometrischen oder konzentrischen Situation entfalten kann. Das klingt etwas nach Raketenwissenschaft. Es geht aber auch einfacher: das maximale Gewicht, das in einer Übung jeweils einmal selbstständig bewusst bewegt werden kann.

Das bedeutet zum einen, dass Bankdrückwiederholungen, bei denen der Spotter „Ganz allein!" brüllt, während er die Hantel nach oben curlt, ebenso wenig als Maximalkraft gelten. Zum anderen gibt der Zusatz „bewusst" bereits einen Hinweis darauf, dass die Maximalkraft nicht der tatsächlich maximal möglichen Leistung entspricht. Diese nennt sich *Absolutkraft*.

Untrainierte Personen können in Extremsituationen (durch Stromwiderstand oder Todesangst) bis zu 70 % ihrer Absolutkraft abrufen. Athleten können mithilfe von gezieltem Training lernen, bis zu 90 % zu nutzen. Der restliche Anteil wird als Schutzmechanismus vom Körper zurückgehalten. Dabei hat ein gezieltes Training der Maximalkraft nicht nur eine unmittelbare Auswirkung auf diese selbst, sondern beeinflusst auch alle anderen Kraftarten des Sportlers.

Wenn es um die **Schnellkraft** geht, findet sich dagegen in der Literatur keine so eindeutige Definition. Wir wollen diese im Folgenden als größtmögliche Kontraktionsgeschwindigkeit, die das Nerv-Muskel-System gegenüber einem Widerstand willkürlich ausüben kann, bezeichnen. Dabei wird zwischen azyklischen (einmaligen) und zyklischen (mehrfachen) Bewegungen unterschieden.

Auch der Begriff Ausdauer ist sehr subjektiv und kann sich je nach Sportart auf die unterschiedlichsten Zeiträume beziehen, weshalb die Definitionen der **Kraftausdauer** ebenfalls auseinandergehen. Die Kernaussage ist allerdings, und darin stimmen alle gebräuchlichen Begriffsklärungen überein, dass innerhalb eines definierten Zeitraums eine bestimmte Wiederholungszahl von Kraftstößen ausgeführt werden kann, wobei diese Kraftausstöße auf einem gleichbleibenden Niveau zu halten sind. Es entspräche also keiner Kraftausdauerleistung mehr, wenn das Gewicht nach jeder Wiederholung verringert werden müsste, um weitere Wiederholungen zu schaffen.

Zuletzt wollen wir schließlich die **Reaktivkraft** berücksichtigen. Vereinfacht ausgedrückt gibt dieser Wert an, wie schnell der Muskel von der Dehnung in die Verkürzung übergehen kann. Sind die zeitlichen Bedingungen zwischen diesen beiden Abläufen günstig, so kann durch die Dehnung genutzte Energie für die Muskelanspannung genutzt werden. Wie bei einer Feder, die man zusammendrückt, wird also Energie beim Herausdrücken freigegeben. Dieser Anschub wird für die folgende Bewegung genutzt.

Die Beispiele und die Bedeutung können in der Praxis vielfältig sein: Bodybuilder kennen vielleicht die Intensitätstechnik des kurzen Pausierens beim Kniebeugen in der untersten Position, wodurch die Aufwärtsbewegung (deutlich) erschwert wird. Powerlifter müssen in Wettkämpfen die Hantel beim Bankdrücken auf der Brust für den Kampfrichter erkennbar pausieren lassen und dürfen diese nicht „bouncen", also von der Brust abfedern. Und im Kreuzheben ist die „tip-n-go"-Diskussion – ob die Hantel immer abgelegt werden muss oder sofort wieder angehoben werden darf, wenn sie den Boden berührt hat – ein viel diskutiertes Thema.

Kontraktionstypen – Wie wir Muskeln anspannen

Bevor wir dazu kommen, wie die Leistung in den einzelnen Kraftvarianten erhöht werden kann, müssen wir noch einmal kurz klären, welche Varianten der Kontraktion, des Anspannens der Muskulatur, es gibt: Die **exzentrische Kontraktion** ist die negativ-dynamische Kraft, bei der die Muskeln versuchen, das Gewicht abzubremsen. Im Bankdrücken ist die exzentrische Kontraktion somit beispielsweise mit dem Herablassen des Gewichts auf die Brust gleichzusetzen.

Als **isometrische Kontraktion** versteht man eine haltend-statische „Bewegung". Dabei wird der Muskel nur minimal verkürzt und die Position gehalten. Im Powerlifting-Wettkampf stellt dies die Ablage der Hantel auf der Brust beim Bankdrücken dar, während der das Gewicht gehalten, aber nicht weiterbewegt wird.

Unter einer **konzentrischen Bewegung** wird schließlich eine positiv-dynamische Bewegung verstanden. Es baut sich eine intramuskuläre Spannung auf, bei der der Muskel sich verkürzt. Um das Beispiel des Bankdrückens weiterhin zu verwenden, ist die Aufwärtsbewegung der Hantel von der Brust weg als konzentrische Kontraktion zu verstehen. Der Wert der konzentrischen Kraft ist 5 bis 20 %

niedriger als der der isometrischen Kraft, was auch einleuchtet: Um ein Gewicht nach oben bewegen zu können, muss der Einzelne erst einmal in der Lage sein, es zu halten. Je höher das Trainingsniveau, desto geringer ist der Unterschied zwischen isometrischer und konzentrischer Bewegung.

Lift heavy, feel good: Kraftaufbau

Maximalkraft kann sowohl direkt als auch indirekt durch Verbesserungen in den anderen Kraftarten gesteigert werden. Beginnen wir mit den direkten Einflussmöglichkeiten: Die **Hypertrophie**, also der Muskelaufbau, ist wahrscheinlich die bekannteste Möglichkeit und sollte für die meisten Sportler wünschenswert sein. Bei einem Muskelaufbautraining (auch: Hypertrophietraining) wird eine Erhöhung der Muskelmasse angestrebt. Da ein Muskel pro cm² Querschnitt etwa sechs Kilogramm bewegen kann, ist ein „größerer" Muskel somit in der Lage ist, mehr Arbeit zu verrichten.

Das Training der **intramuskulären Koordination** wäre ebenso eine direkte Methode und baut darauf auf, dass eine untrainiertere Person eine relativ geringe Zahl ihrer motorischen Einheiten in der Muskulatur synchron aktivieren kann. Als motorische Einheiten sind dabei die Nerven mit den jeweiligen Muskelfasern zu verstehen. Durch Training verbessert sich diese Fähigkeit. Der Körper ist effektiver darin, die vorhandene Muskulatur zu nutzen. Voraussetzung dafür ist ein Training im Bereich von 75 % und mehr des aktuellen Maximums. Dabei kommen zwei verschiedene Prinzipien zur Anwendung. Zum einen die Methode hoher und höchster Intensitäten und zum anderen die Methode reaktiver Belastungen. Was bedeutet das?

Bei der Methode der *hohen Intensitäten* wird im Bereich von 75 bis 95 % des Maximalgewichtes trainiert. Dabei wird die Wiederholungszahl der Prozentzahl angepasst: bei 75 % bis zu fünf Wiederholungen, 80 % bis zu vier Wiederholungen, 85 % bis zu drei Wiederholungen, 90 % bis zu zwei Wiederholungen, 95 % mit einer Wiederholung, wobei zwischen den Sätzen Pausenzeiten von drei bis fünf Minuten eingehalten werden sollten.

Die Methode *höchster Intensität* hängt dagegen eng mit der Reaktivkraft zusammen. Diese beschreibt die Verkürzung der Umschaltpause von nachgebender zu überwindender Arbeitsweise – beim Bankdrücken also zwischen Absinken des Gewichts und Herausdrücken. Ein beliebtes Beispiel in der Literatur ist das Üben von explosiven Sprüngen, aber auch das explosive Drücken aus der Ablage beim Bankdrücken wäre ein Beispiel für das Training der Reaktivkraft. Wichtig ist, dass die explosive, aber korrekte Ausführung der Wiederholung aus einer Spannungssituation heraus erfolgt. Bei einer Wiederholungszahl von drei bis acht sollten dabei zwischen den Sätzen etwa drei Minuten Pause eingehalten werden.

Für (schweres) Hanteltraining sollten wir als Botschaft mitnehmen, dass positive Bewegungen kontrolliert und schnell ausgeführt werden sollten.

Meine Empfehlung lautet, die Abwärtsbewegung kontrolliert langsam und die anschließende positive Bewegung bewusst zügig auszuführen, ohne dabei die Kontrolle über den Bewegungsablauf zu verlieren. Also kein Anschubsen des Gewichts, sondern durchgehendes Anschieben bzw. Heranziehen. Kein Schwung.

Damit sind wir bereits mitten in der indirekten Verbesserung der Maximalkraft und wollen die **Schnellkraft** kurz besprechen. Diese wird über die *intramuskuläre Koordination*, aber auch durch *sportartenspezifisches Training* verbessert und stellt so gesehen ein Ergänzungstraining zur Steigerung der Maximalkraft dar – oder erhöht diese eben indirekt, wenn Schnellkrafttraining im Fokus steht.

Aus diesem Grund macht es für einen Powerlifter wenig Sinn, Langhantelrudern auf Geschwindigkeit zu trainieren, für einen Kanuten dafür schon umso mehr. Als Lasten werden hierfür 30 bis 50 % (maximal 60 %) des Maximalgewichts verwendet, wobei die Wiederholungszahl mit zwei bis fünf eher gering bleibt. Dies ist vor allem für unerfahrene Sportler oftmals ein Problem, da diese geringe Wiederholungszahl nicht als Belastung wahrgenommen wird. Aus diesem Grund würde ich Schnellkraftübungen in erster Linie in Programmen ergänzen, deren Fokus stärker in den kraftorientierten Bereich gehen. Wer in erster Linie Muskeln aufbauen möchte, benötigt eher weniger Schnellkrafttraining in seinen Plänen.

Abschließend noch kurz etwas zum Training der **Kraftausdauer:** Hier liegt die Belastungsintensität bei 30 bis 60 % (maximal 70 %). Dabei kann entweder mit einer geringen Intensität von bis zu 40 % und bis zu 30 Wiederholungen mit einer Minute Pause zwischen den Sätzen gearbeitet werden oder einer höheren Intensität, die bei 40 bis 60 % liegt und etwa 20 Wiederholungen bei zwei Minuten Pause nutzt. Eine betont langsame Ausführung kann auch bei dieser Methodik zu einer Muskelquerschnittserweiterung führen, da mehr Muskelfasern arbeiten müssen. Der Effekt ist jedoch nicht mit typischem Muskelaufbautraining, wie es dargestellt wurde, zu vergleichen.

Zusammengefasst ergeben die Ergebnisse folgende Tabelle, wobei wir der Hypertrophie schon einmal vorgreifen wollen und Satzzahlen und Pausenzeiten zwischen den Sätzen ergänzen.

Fähigkeit	Methode	Intensität	Wdh.-Umfang	Sätze Pausen	Ausführung
Maximal-kraft	Aktivie-rung	85–100 %	1–5	2–5/3–5'	explosiv
Maximal-kraft	Hypertro-phie	65–85 %	6–20	4–6/2–3'	lang-sam/zügig
Schnell-kraft	Wiederho-lung	30–50 %	5–8	3–5/3–5'	explosiv
Kraftaus-dauer	Wiederho-lung	30–60 %	20–30	3–6/1–2'	langsam
Reaktiv-kraft	Aktivie-rung	maximal mögliche Intensität	4–8	3–5/3'	explosiv

Diese Ausführung der Kraftarten sollte nicht nur ein grundlegendes Verständnis für die Zusammenhänge im Maximalkraftaufbau erzeugen, sondern auch zeigen, dass die Grenzen zwischen den verschiedenen Aspekten der Kraft nicht klar zu ziehen sind. Sie nehmen nicht nur Einfluss aufeinander, sondern verschmelzen an den Randbereichen sogar miteinander.

Muskelaufbau: Bigger is better

Nachdem wir nun wissen, dass intensives (Hantel-)Training vor allem dazu dient, die Kohlenhydratspeicher zu leeren, und verschiedene Arten der Kraft sowie die Möglichkeiten der Kraftsteigerungen kennenlernten, wollen wir nun schauen, was wir für gestraffte Oberschenkel und einen festeren Hintern tun können.

Wer sich mit dem Thema Ernährung und vor allem Postworkout-Nutrition (also Ernährung direkt nach dem Training) schon einmal auseinandergesetzt hat, wird das sogenannte anabole Fenster kennengelernt haben. Dies umschreibt die erhöhte Proteinbiosynthese, die durch (Kraft-)Training angestoßen wird und für einige Stunden anhält. Dennoch ist ein Muskelzuwachs im Anschluss an eine einzelne Trainingseinheit nicht messbar. Das bedeutet nicht, dass dieser nicht stattfindet, sondern dass er so gering ausfällt, dass Messinstrumente ihn nicht wahrnehmen. Im Regelfall bedarf es mehrerer Monate, bis ein Muskelzuwachs (im Sinne von neu aufgebautem Muskelprotein) in messbaren Dimensionen stattgefunden hat.

Vor allem in den ersten Wochen ist das Erhöhen der Trainingsgewichte also weniger auf Muskelzuwachs als vielmehr verbesserte Muskelkoordination und effektivere Bewegungen zurückzuführen. Das sollte nicht frustrieren, sondern vielmehr dafür sensibilisieren, dass Muskelaufbau Zeit bedarf – und bei Frauen nochmals deutlich länger als bei Männern.

Dennoch lassen sich nicht erst nach Monaten körperliche Veränderungen und Zuwächse wahrnehmen. Optisch schnell sichtbare Ergebnisse haben zwei Ursachen: Die Glykogenspeicher (also die Kohlenhydratspeicher der Muskulatur) werden durch das Training schnell aufnahmefähiger. Zweitens verbessert sich die Muskelhydration durch (schweres) Krafttraining. Ohne dass die Muskulatur bzw. das Muskelprotein messbar angewachsen wäre, sorgen also vergrößerte Kohlenhydrat- und Wasserspeicher in den Muskeln für wachsende Umfänge.

> Die Wasserspeicherung in der Muskulatur sollte nicht mit ungewünschten Wassereinlagerungen, die zu einer aufgeschwemmten Erscheinung führen, verwechselt werden. Im Gegenteil wirken gut hydrierte Muskeln prall und fest.

Welche Belastung ist aber nun notwendig, damit Muskulatur aufgebaut wird? Die Reizintensität (also Last in % des Maximums) sollte bei 60, besser 70 bis 85 % liegen. Pro Muskel sind ca. fünf bis sechs Sätze pro Trainingseinheit sinnvoll, in denen sechs bis zwölf, maximal 20 Wiederholungen pro Satz absolviert werden sollten. Zwischen den Sätzen sind zwei bis drei Minuten Pause zielführend. Neben dieser generellen Belastungsintensität gilt außerdem:

Muskelwachstum ist nicht nur von der mechanischen Belastung, sondern auch vom metabolischem Stress und der Muskelbeschädigung abhängig.

Metabolischer Stress beschreibt die körperliche Belastung durch Stoffwechselabbauprodukte. Wir lernten beispielsweise bereits, dass neues ATP ohne Sauerstoff aus Kohlenhydraten (re-)produziert werden kann, wobei allerdings das Nebenprodukt Laktat anfällt. Dieser Laktatanstieg ist ein Beispiel für metabolischen Stress, der bei Belastungen im Bereich von 15 bis 120 Sekunden Dauer am größten ist.

In diesem Zeitfenster bewegen sich kontinuierlich ausgeführte Arbeitssätze im Hanteltraining in der Regel.

Der dritte Punkt ist die belastungsbedingte mechanische Muskelschädigung. Diese verringert sich, wenn dieselbe Übung wiederholt ausgeführt wird, weshalb ein regelmäßiger Wechsel der Übung und damit des Bewegungs- bzw. Belastungsablaufs sinnvoll ist. Das bedeutet nicht, dass Fitnessinteressierte plötzlich zu CrossFittern mutieren sollten, sondern dass es sinnvoll ist, Übungen zu rotieren, also beispielsweise Kniebeugen, Beinpresse und Ausfallschritte immer im Wechsel auszuführen, wenn der Trainingsplan nur eine Beinübung pro Trainingseinheit vorsieht.

Grundlagen bei der Zusammenstellung einer Trainingseinheit

Wir haben damit eine Reihe von Faktoren kennengelernt, die wir bei der Planung einer Trainingseinheit beachten sollten. Wir kennen bereits die Verstoffwechselung verschiedener Energieträger, die unterschiedlichen Kraftarten und wissen wie Muskelhypertrophie erreicht wird. Die Frage, die einigen Leser jetzt vermutlich im Kopf herumschwirrt: Wie setzte ich dies optimal in einer Trainingseinheit um? Meine Empfehlung lautet, den Belastungsteil ebenfalls in drei Blöcke zu unterteilen:

- A: Hauptübung
- B: Zubringerübungen
- C: Ergänzungs- und Präventionsteil

Wir wissen bereits, dass Muskelaufbau ein langwieriger Prozess ist und dass Trainingsleistungen vom Einfluss der Kraftarten aufeinander sowie Zellhydration oder auch verbesserter Koordination abhängig sind. Weiterhin erfuhren wir, warum eine regelmäßige Rotation der Übungen sinnvoll ist. Wie aber stelle ich dann fest, ob ich besser werde? Oder wie soll ich mich steigern? Hier kommt die dargestellte Aufteilung ins Spiel:

In Teil A, der Hauptübung, wird eine (möglichst komplexe) Übung genutzt, die im Trainingsfokus steht und in der Verbesserungen – höhere Trainingsgewichte in anderen Worten – erzielt werden sollen, also zum Beispiel Kniebeugen oder Klimmzüge, Schulterdrücken oder Kreuzheben und dergleichen mehr. Diese Übung wird am jeweiligen Trainingstag nach einem geplanten Lastschema trainiert, um langfristig Fortschritte zu erzielen, beispielsweise mit dem bekannten 5–3–1 von Wendler, mit fünf mal fünf Wiederholungen oder mit dem Wiederholungsschema der Russian Squat Routine, die wir im Rahmen der Periodisierung noch betrachten werden. Man plant für die Hauptübung also im Voraus, was im Training geleistet werden soll, um langfristig messbare Trainingserfolge und -verbesserungen zu erreichen. Wir fokussieren uns hier also auch auf den Bereich der Maximalkraft, denn wer in komplexen Übungen mehr Gewicht bewegen kann, wird in der Regel auch in weniger komplexen Übungen, wie Beinpresse oder Ausfallschritte, in der Lage sein, höhere mechanische Reize zu setzen (also mehr Gewicht zu bewegen) und damit langfristig mehr Muskulatur aufzubauen.

In Teil B des Belastungsblocks werden die Zubringerübungen durchgeführt: zwei bis vier (ich setze auf die goldene Mitte und empfehle drei) Übungen mit jeweils vier oder fünf Sätzen, in denen das Hypertrophiewiederholungsschema von fünf bis 20 Wiederholungen umgesetzt wird. Diese Übungen werden der Belastung entsprechend regelmäßig gewechselt. Beispielsweise kann

Langhantelbankdrücken gegen Kurzhantelbankdrücken ausgetauscht werden – nicht jedoch gegen Langhantelrudern, da es sich hierbei um eine komplett andere Bewegungskategorie handelt, die entsprechend gänzlich andere Muskelgruppen anspricht. Das Prinzip wird im Beispielplan (für Fortgeschrittene) am Ende des Buches aber auch noch einmal verdeutlicht.

Den Abschluss bildet schließlich Teil C, in dem ergänzend Isolationsübungen (Curls, Trizepsdrücken, Glute Bridge usw.) ergänzt werden können. Hier können die Übungen ebenfalls regelmäßig rotieren, entscheidend ist nur, dass wir unsere hinteren Schultern in jeder Hanteleinheit stärken, um so vor entsprechenden Verletzungen und einseitigen Trainings- und Alltagsbelastungen geschützt zu sein. Schulterverletzungen (und Probleme) sind langwierig, wenn sie einmal entstanden sind, sodass jede Sportlerin, die ihr Leben lang aktiv sein möchte, an entsprechender Prävention interessiert sein sollte. Präventiv heißt in diesem Fall, dass zehn bis 15 Wiederholungen pro Arbeitssatz ausgeführt werden. Es geht also nicht um maximale Belastung, sondern kontrollierte Bewegung und Stärkung der beschriebenen Bereiche.

Die beschriebene Aufteilung einer Trainingeinheit wird am Ende des Buches mittels Beispieltrainingsplan veranschaulicht.

Gehen wir damit in den nächsten Bereich des A–B–C–D-Musters über.

C wie Cardio-Training und Cool-down sowie D wie Dehnen

Im Anschluss an den eigentlichen Belastungsteil öffnet sich das Zeitfenster für Cardio-Training und das Cool-down. Schauen wir uns ersteres an: Zunächst einmal sollte geklärt werden, ob Cardio-Training einen Einfluss auf den Kraft- und Muskelaufbau ausübt. Die Antwort lautet: in den meisten Fällen ja. Das klingt ein wenig pauschal? Konkrete Aussagen sind hier schwer zu treffen.

Es gibt eine Vielzahl an Studien, die Hinweise darauf liefern, dass es den sogenannten *Interferenzeffekt* gibt. Dieser beschreibt vor allem einen Verlust an Muskelkraft, wenn Cardio-Training zusätzlich absolviert wird. Aber auch der Muskelaufbau wird auf Dauer durch übermäßiges Cardio-Training gemindert.

Als Entdecker dieses Effekts gilt der Kraftdreikämpfer Robert Hickson, der während seiner Studienzeit mit seinem Professor Laufeinheiten absolvierte und dabei feststelle, dass er Kraft und Muskelmasse verlor. Basierend auf dieser Beobachtung untersuchte Hickson das Phänomen anhand des Zusammenhangs von Ausdauerläufen und den Leistungsentwicklungen bei der Kniebeuge und kam zu dem Schluss, dass eine Kombination von beidem die Kraftzuwächse beim Kniebeugen spürbar gegenüber den Ergebnissen bei ausschließlichem Krafttraining verminderte. Darüber hinaus sank die Maximalkraftleistung nach etwa sieben Wochen in der Ausdauer-Krafttraining-Gruppe wieder ab.

Weitere Studien folgten und kamen mal mehr und mal weniger zu dem gleichen Ergebnis. In der Praxis sind Studien und Einzelfälle nur schwer vergleichbar, da sich viele Parameter, wie Trainingsintensität, -planung, -umfang, -frequenz, Cardio-Aktivität und Leistungsstand, stark unterscheiden.

Vor allem die Schnellkraft wird durch Cardio-Training negativ beeinflusst. Daher gilt: Je stärker die reine Kraftentwicklung im Fokus steht, desto eher sollte Cardio-Training vermieden werden. Je mehr sich der Fokus Richtung Muskelaufbau verschiebt, desto weniger kritisch ist klug geplantes Cardio-Training.

Powerlifter sollten also eher nicht zu viel Cardio-Training betreiben und mindestens einen Tag Pause zwischen Ausdauer- und Krafteinheit einlegen, wohingegen Trainierende, die in erster Linie ihre Optik verbessern wollen, auch öfters und sogar direkt am Krafttrainingstag Ausdauersport betreiben könnten, immer unter der Prämisse, dass wir nicht vom Fettabbautraining sprechen wollen, wie bereits verdeutlich wurde.

Wo liegt aber die Ursache des negativen Effekts? Hierfür gibt es mehrere Gründe, die in der Literatur diskutiert werden und in der Praxis sicherlich allesamt mehr oder weniger eine Rolle spielen können.

Cardio Cannibalism 1: mTor und AMPK

Ein Erklärungsversuch ist die Aktivierung der beiden unterschiedlichen Signalwege mTOR und AMPK. Diese kann man sich als Schalter vorstellen, nach deren Aktivierung oder Deaktivierung der Körper „programmiert" wird. Während mTOR die Muskelproteinbiosynthese anregt und durch Krafttraining aktiviert wird, fördert AMPK die Vermehrung der Mitochondrienanzahl und wird durch einen niedrigen Energiestand der Zelle (aufgrund von Ausdauertraining oder Hungerphasen) „eingeschaltet".

Während in Tierversuchen nachgewiesen werden konnte, dass beide Signalwege einander ausschließen, kamen Studien am Menschen zu dem Schluss, dass eine Kombination, wenn auch bei Abschwächung beider Effekte (Muskelproteinbiosynthese bzw. Mitochondrienvermehrung) möglich ist.

Kraft- und Ausdauertraining ist also miteinander kombinierbar und sowohl die Muskelmasse als auch die Mitochondrienanzahl sind parallel (bis zu einem gewissen Maß) vermehrbar.

Studien an untrainierten Personen kamen zu interessanten Ergebnissen:

1. Wenn Kraft- und Ausdauertraining nacheinander ausgeführt werden, ist weniger Energie für die zweite Aktivität verfügbar – logisch.

2. Die Testosteron- und Wachstumshormonkonzentration nach dem Training stand in keinem Zusammenhang zum Kraft- und Muskelaufbau, sodass wir diese an dieser Stelle auch vernachlässig können. Auch als Frau muss man also keine Bedenken haben, dass das messbare Testosteron im Blut nach langen Belastungen temporär absinkt und gewünschter Muskelaufbau sich verzögern könnte.

3. Egal, wie das Training gestaltet wurde: Wer intensiv trainiert, konnte seine Leistung steigern.

Was das für die praktische Umsetzung von Cardio-Training bedeutet, wollen wir uns anschauen, nachdem wir uns mit den weiteren Aspekten des „Cardio Cannibalism" beschäftigt haben.

Cardio Cannibalism 2: Anpassung des Nervensystems

Es wurde bereits angesprochen, dass vor allem die Schnellkraft durch Cardio-Training beeinträchtigt wird. Dies ist vermutlich – also noch nicht abschließend nachgewiesen – in erster Linie auf den Einfluss auf das zentrale Nervensystem zurückzuführen. Wie im Rahmen der Kraftentwicklung erklärt, spielt nicht nur die Muskelmasse, sondern auch der Grad der Muskelaktivierung bei der Kraftentwicklung eine Rolle. Durch entsprechende Anpassungen des Nervensystems ist eine effektivere Ansteuerung der Muskulatur möglich, was zu besseren Kraftleistungen führt.

Lange Cardio-Einheiten können einen negativen Einfluss auf das maximale Aktivierungspotenzial ausüben. Da Cardio-Training aber auch viele gesundheitliche Vorteile mit sich bringt und Fitnesstraining nicht vordergründig massivem Kraftaufbau, sondern vor allem einer verbesserten Optik und Alltagsfitness dient, sollte dieser Anpassungsvorgang in der Praxis nicht überdramatisiert werden.

Ich beschrieb bereits, dass ich mehrfach den Marathon unter vier Stunden lief und dennoch in der Woche des Rennens mehr als mein doppeltes Körpergewicht beugte. Beides sind keine Weltklasseleistungen, aber dennoch sicherlich in der Kombination beachtenswert und ein Beispiel aus der Praxis, das beweist, dass Ausdauertraining nicht zum völligen Kraftverlust führt.

Cardio Cannibalism 3: Teilgeleerte Speicher und Aufbau von Abbauprodukten

Vorbelastung sorgt für eine Teilentleerung der Kohlenhydratspeicher in der Muskulatur. Wer also zuerst eine Stunde läuft und im Anschluss ein Beintraining absolviert, wird keine vollständig gefüllten Kohlenhydratspeicher in der Muskulatur mehr besitzen. Interessanter ist aber die bereits angesprochene Ansammlung von Abbauprodukten (Laktat), die leistungseinschränkend wirkt.

Selbst Cardio-Einheiten über eine Stunde hinweg entleeren die Glykogenspeicher der Muskulatur nicht vollständig. Dafür bedarf es in der Regel mehrerer Trainingseinheiten oder sehr langen, sehr intensiven Belastungen.

Abbauprodukte entstehen dagegen bereits unmittelbar nach der Belastung und benötigen je nach Trainingsintensität und -dauer eine Weile, um aus der Muskulatur transportiert worden zu sein. Dieser Punkte führt also in erster Linie zu einer temporär geringeren Leistung, die man zu spüren bekommt, wenn man das Hanteltraining erst im Anschluss an ein intensives Ausdauertraining durchführt.

Cardio Cannibalism: Fazit

Insgesamt wirkt sich Cardio-Training also durchaus vermindernd auf die maximale Kraftleistung aus. Gleichzeitig verbessert es aber auch die Mitochondriengesundheit, erhöht den Energieumsatz und trainiert das Herz-Kreislauf-System.

Cardio-Training: Steady Slow, HIIT oder Steady Fast?

Wir wissen bereits, dass es zwei Methoden des Cardio-Trainings gibt: Steady Slow, also lange Einheiten mit geringer Intensität, und HIIT (High Intensity Interval Training), also Intervalltraining, sind die beiden bekannten Extreme, die durch Sportler gern gewählt und deren Vor- und Nachteile immer wieder diskutiert werden. Die Steady-Slow-Variante stellt für den Körper eine geringere Belastung dar, der zusätzliche Kalorienverbrauch pro Minute ist entsprechend gering. HIIT bietet dagegen den Vorteil, dass in kürzerer Zeit nennenswert Kalorien verbrannt werden und aufgrund des Nachbrenneffekts ein zusätzlicher Kalorienverbrauch entsteht. Nachteilig ist dagegen die zusätzliche Belastung für den Körper, die sich negativ auf die Regeneration ausüben kann. Darüber hinaus gelingt es vielen Hobbysportlern (männlichen wie weiblichen) nicht, die notwendige Intensität aufzubauen, um den vollen Effekt von HIIT-Einheiten nutzen zu können.

Wir lernten bereits, dass Fettabbautraining zeitintensiv ist und ein schlechtes Kosten-Nutzen-Verhältnis für jemanden aufweist, der Vollzeit arbeitet und eine Familie oder andere soziale Verpflichtungen hat. Der zusätzliche Kalorienverbrauch fällt gering aus und der zusätzliche Aufwand verringert unsere Zeit für andere Aktivitäten und die Regeneration. Aus diesem Grund empfehle ich jedem, der ein Cardio-Training an den Belastungsteil seiner Einheit anschließen möchte, dies in einer Dauer und Intensität zu tun, die in erster Linie auf die (weitere) Leerung der Kohlenhydratspeicher abzielt.

Die Antwort auf die Frage nach dem optimalen Cardio-Training lautet also weder Steady Slow noch HIIT, sondern Steady Fast – zehn bis 20, maximal 30 Minuten durchgehend intensives Cardio-Training, um die Kohlenhydratspeicher möglichst stark zu leeren. – Warum lange Ausdauereinheiten darüber hinaus Einfluss auf die Menstruation nehmen können, wird im Rahmen der weiblichen Triade zum Ende des Buches erklärt.

Im Anschluss an solch maximal intensives Cardio-Training profitieren wir vom Nachbrenneffekt: Atemfrequenz, Puls und vor allem Körpertemperatur werden noch eine längere Zeit erhöht sein, sodass wir im Anschluss an die Aktivität vermehrt Energie verbrennen, die nun auch aus Körperfett bezogen wird. Darüber hinaus werden neu zugeführte Kohlenhydrate zunächst die vom Training entleerten Leber- und Muskelspeicher füllen und nicht zu neuem Körperfett umgewandelt. Steady Fast bedeutet also maximaler Gewinn bei minimalem (zeitlichen) Investment.

Cool-down

Unabhängig vom Cardio-Training ist im Anschluss an das Training (also entweder nach dem Belastungs- oder dem Cardio-Teil) eine fünf- bis zehnminütige Cooldown-Phase empfehlenswert, die zur aktiven Erholung zu zählen ist und den ersten Schritt der Regeneration darstellt. Dieser Cool-down stellt eine lockere Belastung dar, bei der der Puls abgesenkt werden soll und der Körper die Gelegenheit bekommt, die Stoffwechselabbauprodukte aus der Muskulatur zu transportieren. Dies können ein wenig Radfahren auf dem Ergometer oder auch nur ruhiges, bewusstes Auslaufen oder Gehen sein.

Das Cool-down ist auch als Maßnahme des Stressabbaus zu verstehen. Jede körperliche Aktivität stellt ab einer gewissen Intensität Stress für den Körper dar. Das Training kann nach einem in der Psychologie gängigem Vier-Stufen-Modell in verschiedene Stresslevel aufgeteilt werden:

Nach einer (bei guter Erwärmung) in der Regel gar nicht wahrgenommenen **ersten Phase**, in der der Körper aus seiner Homöostase (dem Zustand des Gleichgewichts) gerissen wird, folgt ein Adrenalinausstoß – **Phase 2**. Dieser geht mit einer Bereitstellung von Energieträgern einher, auf die der Körper bei entsprechender Belastung nun zurückgreifen kann. Darüber hinaus optimiert der Körper diesen Effekt, indem die Blutversorgung der einzelnen Körperpartien adjustiert wird. Wir erinnern uns: Während in Ruhe lediglich 25 % des zirkulierenden Blutes in die Muskulatur geleitet werden, sind es bei maximaler Belastung bis zu 90 %, die in (genutzte) Muskulatur und Haut gelangen.

Dauert die Trainingseinheit bei entsprechender Intensität lang genug an, steigt der Spiegel des Stresshormons Cortisol nach etwa einer halben Stunde in **Phase 3** an und bleibt für die Dauer der Belastung auf einem erhöhten Niveau. Satzpausen oder sonstige kleinere Erholungsphasen führen nicht zum (vollständigen) Absinken von Blutdruck und Stresshormonspiegel. Erst das Ende der Trainingseinheit führt in die **Erschöpfungsphase 4**, in der sich die körperliche Leistungsfähigkeit spürbar verringert.

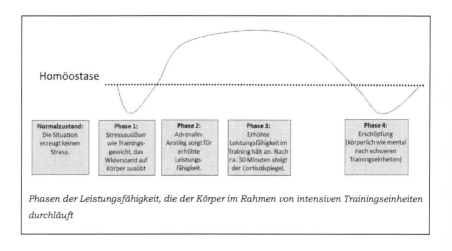

Phasen der Leistungsfähigkeit, die der Körper im Rahmen von intensiven Trainingseinheiten durchläuft

Der Cool-down kann dem Körper helfen, Phase 4 zu verkürzen und damit schneller bereit für neue Belastungen zu sein.

Dehnen

Zum Abschluss einer Einheit kann ein kurzes Dehnen der belasteten Muskulatur sinnvoll sein. Während beim Mobilisieren dynamische Bewegungen mit schnellen Übergängen zwischen den Positionen erfolgen sollen, geht es nun tatsächlich um die statische Dehnung. Ich empfehle, die Spannung für zehn bis 15 Sekunden pro Dehnungssatz zu halten. Nach kurzer Lösung wird die Dehnung für weitere zehn bis 15 Sekunden gehalten, wobei die Intensität gegenüber dem ersten Durchgang spürbar erhöht werden sollte. 15 Sekunden können lang werden beim Verharren an der äußersten Grenze des Bewegungsumfanges.

Es ist dabei jedoch wichtig, dass die Dehnung zu keinem Zeitpunkt als Schmerz empfunden und der Muskel nicht zum maximalen Dehnreflex gezwungen wird. Langsames, gleichmäßiges Atmen steigert den Effekt der Dehnung und wirkt physisch und mental beruhigend – eine weitere Maßnahme zur Einleitung der Regeneration.

Wer ein paar Mal unter Anleitung Yoga betrieben hat, kann selbstverständlich gern entsprechende Elemente im Anschluss an die Trainingseinheit durchführen. Selbst der mehrfache Mr. Olympiagewinner Dorian Yates schwört inzwischen auf Yoga. Richtiges Pilates und richtiges Yoga konditionieren Körperspannung, Core-Stabilität und Muskelansteuerung, die allesamt für jeden ernsthaften Athleten von Bedeutung sind. Wer Zeit und Motivation hat, profitiert langfristig von einzelnen Tagen, an denen man sich bewusst Zeit für einzelne Yoga- oder Pilateseinheiten nimmt.

Was beeinflusst den Kraft- und Muskelaufbau?

Im Rahmen der Trainingsbelastung wurden bereits die verschiedenen Muskelfasertypen sowie die verschiedenen Kraftarten angesprochen, die unterschiedlich auf Trainingsreize reagieren und unterschiedliche Folgen für Optik und Leistungsfähigkeit haben. Doch welche Faktoren beeinflussen den Kraft- und Muskelaufbau noch und was für ein Fortschritt ist innerhalb von einem Jahr möglich? Diese Fragen sollen in diesem Abschnitt kurz beantwortet werden. Beginnen wir mit den Einflussfaktoren auf unseren Trainingserfolg. Dabei können Faktoren, die beeinflussbar sind (B-Faktoren), und solche, die nicht beeinflussbar sind (NB-Faktoren), unterschieden werden. Beginnen wir mit den NB-Faktoren.

NB-Faktor I: Genetik

Als erstes sei die Genetik angesprochen, die uns allen unveränderlich mit auf den Weg gegeben ist. Zwillingsstudien kamen zu dem Ergebnis, dass gut 90 % der Ausgangsmuskulatur – also Muskulatur, die auch ohne gezieltes Muskelaufbautraining zur Aufrechterhaltung der Alltagsfunktionalität vorhanden ist – genetisch bedingt ist. Vor allem in Social-Media-Zeiten, in denen perfekt geformte Menschen per Insta-Story verkünden, dass jeder das Gleiche erreichen könnte, wenn die Person nur X machen und, noch wichtiger, Y kaufen würde, führen oftmals zu unrealistischen Erwartungen bei Männern wie Frauen.

Fakt ist aber leider, dass wir alle nur in unserem genetischen Rahmen arbeiten können, und wie dieser aussieht, ist wenig vorhersagbar. Es ist durchaus möglich, dass eine untrainierte Person A stärker und schlanker ist als eine untrainierte Person B. Wenn beide nun aber mit dem Training beginnen, zeigt sich, dass Person B ein deutlich höheres genetisches Potenzial besitzt als Person A und somit schließlich an ihr vorbeiziehen kann.

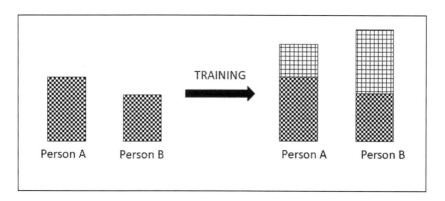

Darüber hinaus sollten zwei weitere Faktoren nicht vergessen werden: Zum einen sind Trainingsfortschritte in den ersten Jahren, aber vor allem Monaten, deutlich schneller spür- und sichtbar als mit fortschreitender Trainingserfahrung. Vor allem im Bikinibereich ist das immer wieder bei Athletinnen zu sehen, die dank einer guten Genetik bereits nach einem oder zwei Jahren Training erstmals auf die Bühne gehen und gute bis sehr gute Ergebnisse erreichen. Diese Personen haben in der Regel, wenn sie weiter hart und klug an sich arbeiten, durchaus Potenzial, auch in internationalen Wettkämpfen zu bestehen.

Für die meisten Frauen (wie auch Männer) gilt aber, dass sie lange an sich arbeiten müssen, um eine gute Wettkampfform zu erreichen, und möglicherweise werden sie auch niemals etwas gewinnen oder eine Top-3-Platzierung bei einem größeren Wettkampf erreichen. Davon sollte sich nur niemand entmutigen lassen. Kein Mensch kann vorhersagen, wo das genetische Limit einer Person ist. Tatsache ist nur, dass es erst nach vielen Jahren Training erreicht wird und mit fortschreitender Trainingserfahrung die natürlich möglichen Verbesserungen immer kleiner werden. Fortschritte gestalten sich also nicht linear. Der zweite Punkt, der nicht vergessen werden sollte:

Fettabbau ist immer einfacher als Muskelaufbau, sodass hier vergleichsweise schnell motivierende Ergebnisse erarbeitet werden können.

Der Hosenbund wird lockerer, die Oberteile liegen nicht mehr so eng an und die ersten Komplimente im sozialen Umfeld werden ausgesprochen. Solche Sprünge in der optischen Veränderung sind aber nur möglich, wenn die Ausgangslage entsprechend schlecht war. Natürlich ist es immer beeindruckender, wenn eine Person 20 statt zwei Kilogramm Körperfett abgenommen hatte. Allerdings sollte einem bewusst sein, dass solche optischen Sprünge im positiven Sinne nicht ewig weiter geschehen.

Aber nicht nur der Umfang der Muskel- und Fettmasse, sondern vor allem die jeweilige Verteilung ist durch unsere erblichen Voraussetzungen determiniert. Ich sprach im Rahmen der Muskelfasertypen bereits das Beispiel von Wade und Trizeps an, die aufgrund dieser Muskelfaserverteilung unterschiedliches Wachstumspotenzial besitzen. Ähnliches gilt aber auch für andere Körperteile. Zwei Sportler, die in jeder Hinsicht in der optischen Ausgangslage gleich wären, sich auf dem gleichen Leistungsniveau befänden und alles auf die gleiche Art und Weise ausführen würden, hätten dennoch unterschiedlich gut geformte Rückenmuskulatur, wenn der eine mehr Typ-I- und der andere mehr Typ-II-Fasern im Rücken hätte. Im echten Leben wird der Vergleich von zwei Personen natürlich deutlich komplexer, da es unzählige Faktoren gibt, die das Gesamtergebnis beeinflussen.

Nicht weniger individuell kann die genetisch bedingte Fettverteilung sein. Während diese im Vergleich der Geschlechter bereits deutlich unterschiedlich ausfällt, indem die natürliche Fettspeicherung bei Männern eher am Bauch und bei Frauen eher im Bein- und Pobereich stattfindet, haben auch zunehmend mehr Frauen große Fettreserven in der Körpermitte. Hier muss zwischen hormonell bedingter Fettspeicherung durch Östrogen im Unterkörperbereich und dem deutlich bedenklicheren (viszeralen) Bauchfett unterschieden werden. Letzteres ist mit Altersdiabetes und im Körper dauerhaft stattfindenden Entzündungen in Verbindung zu setzen. Vor allem Frauen, die eine eher kleine Brustkörbchengröße, aber dennoch einen großen Bauchumfang haben, bei dem der Bauch von der Seite betrachtet weiter nach vorn ragt als die Oberweite, sollten ihren bisherigen Lebensstil deutlich reflektieren.

Ein weiterer, genetisch bedingter Aspekt ist die Reaktion der Rezeptoren auf Hormonausschüttungen. Die Intensität daran anschließender Prozesse kann Einfluss auf die Muskel- und Fettmasse ausüben. Ich sprach bereits das Beispiel der Phytoöstrogene in Sojaprodukten an. Wie stark Personen hierauf reagieren, kann in der Praxis sehr unterschiedlich sein. Während die eine Frau keinerlei Schwierigkeiten selbst mit großen Mengen an Sojaprodukten hat, gibt es andere, die spürbar Wasser ziehen, aufgedunsen wirken oder noch größere Schwierigkeiten beim Kampf gegen die Fettpolster wahrnehmen. Diese individuellen Unterschiede bestehen nicht nur im Zusammenhang mit Östrogen, sondern ebenso mit vielen anderen Hormonen.

Ein weiteres prominentes Beispiel ist die ebenfalls bereits angesprochene Insulin-sensitivität. Diese drückt aus, wie gut die Insulinrezeptoren auf das Hormon Insulin reagieren und damit die Einlagerung von Kohlenhydraten aus dem Blut in die Zellen ermöglichen. Ist die Insulinsensitivität gut, benötigen wir nicht viel Insulin, um unseren Blutzuckerspiegel zu stabilisieren. Ist sie jedoch mangelhaft, muss die Bauchspeicheldrüse größere Mengen des Hormons produzieren, was über die Jahre hinweg zu Altersdiabetes führen kann. In diesem Zustand ist die Bauchspeicheldrüse aufgrund dauerhafter Überlastung erschöpft und die be-troffenen Personen sind auf die Zufuhr von künstlichem Insulin angewiesen.

Die Beispiele könnte man endlos weiterführen: Leptinsensitivität bezüg-lich des Fettstoffwechsels, die wir noch kennenlernen werden, die Reaktion auf anabole Steroide bei Wettkampfbodybuildern oder auch der Sättigungseffekt durch die Ausschüttung verschiedener Sättigungshormone als Reaktion auf die Nahrungsaufnahme. Manche dieser Rezeptorsensitivitäten sind durch unser Ver-halten veränderbar, anderer hingegen sind genetisch bedingt.

Zuletzt seien die unterschiedlichen Hebelverhältnisse als weiterer gene-tisch vorbestimmter Faktor genannt, der vor allem für kraftorientierte Athleten eine Rolle spielt. Das Oberschenkel-Unterschenkel-Verhältnis übt beispielsweise Einfluss auf unsere Kniebeugetechnik aus. Unter anderem hängt hiervon ab, ob die Knie beim tiefen Kniebeugen über die Zehenspitzen hinausragen oder nicht. Schädlich ist übrigens keine der beiden Varianten für das Knie. Die unterschied-lichen Bewegungsausführungen werden aber auch zu unterschiedlichen Muskel-belastungen führen, die sich auf längere Zeit auch optisch bemerkbar machen.

Insgesamt zeigt sich also, dass die genetischen Voraussetzungen vielfäl-tige Einflüsse auf Kraft- und Muskelaufbau sowie Fettabbau ausüben können – und dabei nur einen Faktor in unserer Liste unbeeinflussbarer Voraussetzungen darstellen.

NB-Faktor II: Geschlecht

Der zweite nicht beeinflussbare Faktor ist das Geschlecht. Neben den unterschied-lichen Hormonspiegeln (insbesondere das Testosteron-Östrogen-Verhältnis) ist die tendenzielle Muskelfaserverteilung, wie dargestellt, im Vergleich der Geschlechter durchaus verschieden.

Einen ebenso großen Faktor wie das biologische Geschlecht (sex), stellt das soziale Geschlecht (gender) dar. Ob eine Frau rosa Shaker nutzt und sich im Frauenhantelbereich des Fitnessstudios aufhält, liegt schließlich ganz an ihr.

Dass Frauen andere Präferenzen bei der Muskelausprägung haben, wäre ebenso beeinflussbar, aber in der Praxis streben Frauen nur in Ausnahmefällen das klassisch maskuline Ideal an – genauso wenig wie Männer plötzlich auf die Idee kämen, Booty-Workouts zu veranstalten und straffe, aber schlanke Oberarme haben zu wollen.

NB-Faktor III: Alter

Als dritten nicht beeinflussbaren Faktoren wollen wir das Alter besprechen. In der Gerontologie, also der Wissenschaft des Alterns, ist die Abnahme körperlicher Fähigkeiten mit ansteigendem Alter ein bekannter Effekt. Sinnesorgane funktionieren nicht mehr so, wie sie es in jungen Jahren taten, Stoffwechselprozesse verlangsamen sich und Verschleißerscheinungen des Bewegungs- und Stützapparates fordern ihren Tribut. Aber altersbedingte Veränderungen sind nicht erst in den höchsten Lebensdekaden zu erwarten.

Ab dem 40. Lebensjahr beginnt ein Muskelverlust, der zunächst mit ca. 0,5 % jährlich beziffert wird, ab dem 50. Lebensjahr mit 1 bis 2 % und ab dem 60. Lebensjahr bis zu 3 % umfassen kann. Dieser Vorgang wird *Sarkopenie* genannt und hat verschiedene Ursachen. Neben verlangsamten Stoffwechselprozessen und einer häufig ungenügenden Proteinzufuhr im (höheren) Alter, liegt die Ursache vor allem im Absinken des freien Testosterons sowie der Wachstumshormone und des Hormons IGF-1. So sinkt die Testosteronproduktion verglichen zum Maximalwert, der mit etwa Anfang 20 erreicht ist, bis zum 40. Lebensjahr auf 75 % des Maximums ab und von da an immer weiter, sodass etwa im 75. Lebensjahr nur noch 25 % des einstmals vorhandenen Testosterons vorliegen. Diese Beschreibungen (insbesondere des Testosterons) beziehen sich in der Literatur in erster Linie auf die Männer, aber auch Frauen werden mit den Jahren mit der weiteren Verringerung von Hormonen zu kämpfen haben, die mit dem Muskelaufbau und später dem -erhalt in Verbindung stehen.

Die Wachstumshormonproduktion spielt dagegen vor allem in der Pubertät eine bedeutende Rolle und sinkt schon im Alter von ca. 25 Jahren bereits auf unter 50 % des ursprünglichen Niveaus und fällt zum 50. Lebensjahr auf ca. 25 %. Entsprechend müssen ältere Menschen einen höheren Trainingsaufwand betreiben als jüngere Sportler, um die vorhandene Muskelmasse weiterhin aufrechtzuerhalten oder sogar neue Muskulatur auch im Alter aufzubauen. In einer Studie führten Versuchspersonen verschiedener Alterskategorien über 16 Wochen ein Muskelaufbautraining durch, das drei Einheiten pro Woche vorsah. Am Ende des Zyklus hatten alle Probanden Muskulatur aufbauen können, bei der anschließenden Reduzierung des Trainings zeigte sich jedoch bei den älteren Teilnehmern ein besonders schneller Abbau der erzielten Ergebnisse.

Aber auch die Östrogenproduktion ändert sich bei Frauen mit ansteigendem Alter, was spürbare Folgen nach sich zieht. Diesen Punkt wollen wir uns aber später noch einmal genauer anschauen, wenn auch der Einfluss des Verhütungsmittels Pille beschrieben wird.

NB-Faktor IV: Trainingsfortschritt

Den Faktor Trainingsfortschritt wollen wir als fließenden Übergang zu den beeinflussbaren Faktoren verwenden, da er zwar nicht spontan modifiziert werden kann, aber bekanntlich dennoch aktiv erarbeitet wurde.

Je weiter ein Athlet in seinem Training fortgeschritten ist, desto schwerer wird es, weitere Muskelmasse oder Kraft aufzubauen. Der amerikanische Coach Lyle McDonald gibt als vorsichtige Schätzungen für Sportler folgende, in der Tabelle zu findenden, Werte an, was den Zuwachs möglicher Muskelmasse pro Jahr betrifft:

Trainingsjahr	mögliche zusätzliche Muskelmasse pro Jahr
1	bis zu 10 Kilogramm (ca. 1000 Gramm pro Monat)
2	bis zu 6 Kilogramm (ca. 500 Gramm pro Monat)
3	bis zu 3 Kilogramm (ca. 250 Gramm pro Monat)
ab Jahr 4	bis zu 1000 Gramm pro Jahr

Angaben in Anlehnung an McDonald bezogen auf Männer (Frauen etwa die halben Werte).

Aus persönlicher Erfahrung aus Gruppenprogrammen, aber auch aus Wettkampfbetreuungen von Bodybuilder- und Powerliftern kann ich diesen Richtwerten zustimmen. Das Hauptproblem der genauen Bestimmung: 500 Gramm zusätzliche Muskelmasse sind kaum spürbar. Flüssigkeitszufuhr, Elektrolythaushalt und Darminhalt verursachen über den Tag gesehen größere Gewichtsschwankungen.

B-Faktor I: Das Trainingsequipment

Damit kommen wir zu den beeinflussbaren Faktoren, die den Fortschritt im Training bremsen oder beschleunigen können. Die Liste ist nicht als vollständig zu betrachten, beinhaltet aber jene Faktoren, die aus meiner Sicht besondere Aufmerksamkeit verdienen. Zunächst möchte ich auf das Trainingsequipment hinweisen.

Die meisten Fitnessstudios sind heutzutage hervorragend ausgestattet. Vor allem die großen Ketten, die sich mit günstigen Preisen gegenseitig überbieten, bieten inzwischen alles, was das Sportlerherz begehrt. Ich kann mich noch an Zeiten erinnern, als es in Studios kein Powerrack gab, nicht mal ein einziges, das durch curlende Mitglieder hätte besetzt werden können. Oder zu wenige Gewicht: Als ich mich für die Deutsche Meisterschaft im Kreuzheben im Jahr 2010 vorbereitete, trainierte ich in einem kleinen Kraftraum, in dem insgesamt ganze 185 Kilogramm an Gewicht für die Langhantel mit 50er-Bohrung verfügbar waren. Auch wenn ich nur in der 75-Kilogramm-Klasse startete, musste ich mein Training entsprechend anpassen, um mich angemessen für die Meisterschaft vorbereiten zu können. Das Gewichtsproblem wird die wenigsten Leser vermutlich betreffen, sollte aber verdeutlichen, dass begrenztes Studioinventar zu Schwierigkeiten bei der Umsetzung von Trainingsplänen führen kann. Ob dies dann zu einem Wechsel des Studios oder zur Anpassungen in der Trainingsplanung führt, ist von Einzelfall zu Einzelfall unterschiedlich. Vor allem Sportler, die sich ein Homegym eingerichtet haben, sollten sich dieser Besonderheit bewusst sein.

B-Faktor II: Die Regeneration

Als weiterer beeinflussbarer Faktor sei die Regeneration genannt. Diese stellt ohne Frage einen Schnittpunkt zum Lifestyle dar, der, wie eingangs betont, nicht unabhängig vom Training betrachtet werden kann. Wer neue Bewegungsabläufe erlernt, wird beispielsweise oftmals übermäßig starken Muskelkater haben, der im Alltag sowie in unmittelbar folgenden Trainingseinheiten hinderlich sein kann. Aber nicht nur neue Bewegungen können spürbare Folgen nach sich ziehen: Hohe Trainingsintensität übt spürbaren Einfluss auf das zentrale Nervensystem aus. Wir lernten bereits die Stresskurve kennen. Wie gut eine Person sich von außergewöhnlichen Belastungen erholt, ist individuell verschieden. Während die eine Person ohne weiteres Tonnen während einer Trainingseinheit Kniebeugen bewegen kann (beispielsweise entspricht ein Arbeitssatz mit zehn Wiederholungen und 50 Kilogramm bereits einer halben Tonne), stoßen andere Personen deutlich schneller an ihre Belastungsgrenze. Diese Personen haben nach schweren

Einheiten oftmals Probleme mit dem Einschlafen oder fühlen sich auch tags darauf noch gerädert.

Darüber hinaus kann ein zu großes Kaloriendefizit, eine (länger anhaltende) schlechte Versorgung mit Vitalstoffen – z. B. Vitaminen, Mineralien – oder eine zu geringe Proteinzufuhr spürbar die Erholung nach schweren Trainingseinheiten verschlechtern.

Leider gibt es entgegen vielfach gehegter Hoffnungen im Prinzip keine Supplemente, die relevante Verbesserungen der Regeneration mit sich bringen. Es hilft also nicht, Unmengen an Glutamin in sich hineinzuschütten, wenn die Proteinzufuhr sowieso bereits optimiert wurde, auch wenn es Leute gibt, die spürbare Verbesserungen wahrzunehmen glauben. Der Placeboeffekt sollte keinesfalls unterschätzt werden.

Für die Praxis bleibt festzuhalten, dass man bei der Umsetzung des Trainingsplans auf seinen Körper hören sollte. Wenn notwendig, gilt es, Trainingstage zu tauschen oder sogar ganz zu schieben, wenn der aktuelle Erholungszustand kein sinnvolles Training zulässt.

B-Faktor III: Die Motivation

Neben der Tagesform, die unterschiedlich gut oder schlecht sein kann und in der Regel durch Faktoren außerhalb des Trainings beeinflusst wurde, sollte die generelle Motivation bedacht werden. Diese sollte immer maximal hoch sein. Wahre Motivation hängt zu großen Teilen von den Trainingsinhalten ab: Wer ein schwieriges Verhältnis zu seinem aktuellen Trainingsplan hat, wird schwerlich maximale Leistungen erbringen können. Es bringt nichts, den auf dem Papier theoretisch optimalen Masterplan zu entwickeln, mit dem sich der Athlet anschließend durch jede Trainingseinheit quält. Innere Ablehnung führt praktisch immer zur völligen Aufgabe. Aus kostenlosen Gruppencoachings weiß ich, dass viele Leute Probleme haben, überhaupt zwölf, 16 oder 20 Wochen am Stück ein Trainingssystem zu absolvieren.

Weniger als 25 bis 30 % der Trainierenden schaffen es, ein mehrwöchiges Trainings- und Ernährungsprogramm durchzuhalten.

Auch diejenigen, die über Jahre hinweg an ihrer körperlichen Entwicklung arbeiten – und genau das ist es, was für einen nachhaltigen Erfolg notwendig ist –

stehen ebenfalls irgendwann im Laufe ihrer Trainingskarriere vor dem Problem, sich für Trainingseinheiten zu motivieren. Ausnahmen gibt es gewiss auch hier, aber die breite Masse ist auf regelmäßige spürbare Abwechslung angewiesen, was auch vollkommen okay ist. Zum Mittag möchte man ebenso wenig jeden Tag dasselbe essen, wie man im Radio nicht jeden Morgen den gleichen Song hören mag. Außer es sind die Backstreet Boys. Titel vom Millenium-Album gehen immer.

Aus diesem Grund wechsle ich bei meinen direkten Betreuungen in der Regel spätestens nach zwölf Wochen das Trainingssystem. Manchmal im Rahmen der Periodisierung, auf die wir später noch zu sprechen kommen, sogar früher. Egal, wo man seinen Schwerpunkt im Rahmen seines Vorhabens setzt: Es gibt immer verschiedene Möglichkeiten, Ziele zu erreichen.

Optimal ist der Trainingsplan, den man mit maximaler Motivation und maximaler Intensität bereit ist, umzusetzen.

Entsprechend ist es wichtig, Training und Ernährung langfristig zu einem festen Bestandteil des eigenen Lebens machen – „it's a lifestyle", wie es heute gesagt wird. Je radikaler die Veränderungen ausfallen, mit denen ein Ziel verfolgt werden soll, desto höher ist die Wahrscheinlichkeit, dass der selbst gewählte Weg nicht lange beschritten wird. Es ist normal, dass Euphorie und Motivation am Anfang immer sehr groß sind. Zwischen Erfolg und Misserfolg entscheidet aber der lange Atem und nur wer motiviert bleibt, weil er machbare Lösungen gefunden hat und Freude am Training findet, gelangt an sein Ziel. Das bedeutet nicht, dass es nicht auch mal Trainingseinheiten geben darf, die als Quälerei empfunden werden, oder Tage, an denen man aufgrund vermeintlich ausbleibender Ergebnisse alles hinterfragt. Körperveränderung ist auch immer ein Lern- und Selbsterkennungsprozess.

In einem engen Zusammenhang mit der Motivation steht auch die Entscheidung für oder gegen einen Trainingspartner, ein zweischneidiges Schwert. Während die einen sich begeistert gegenseitig hochziehen, sind andere – wie ich – , seit sie denken können, notorische Alleintrainierer. Ohne Frage kann es motivierend sein, ein Hobby zu teilen und sich gegenseitig im Training anzutreiben. Auf der anderen Seite besteht die Gefahr, dass sich Trainingseinheiten unnötig ziehen oder ein Trainingspartner stagniert, weil er sich der anderen Partie anpasst. In jedem Fall sollten die Vor- und Nachteile individuell abgewogen und dann entschieden werden, ob der Weg gemeinsam mit einem Trainingspartner bestritten wird oder man sich lieber allein auf die Reise macht.

B-Faktor IV: Posing und Lichtverhältnisse

Streng genommen kein Faktor, der sich auf den tatsächlichen Fortschritt aus-wirkt, ist der Punkt Posing und Lichtverhältnisse. Er ist dennoch von großer Wich-tigkeit, wenn es darum geht, die eigenen Fortschritte in einem (Achtung: Wortspiel) realistischen Licht zu betrachten.

Der Mensch vergleicht sich gern. Ob diese Eigenschaft bei Frauen stärker ausgeprägt ist, möchte ich aus meiner Erfahrung heraus sogar bezweifeln. Aber fokussieren wir uns hier zur Veranschaulichung einmal auf die Vertreter des schö-nen Geschlechts, die sich eindeutig der Zurschaustellung wegen in den sozialen Netzwerken versammelt haben. Bekannte Bilderplattformen, auf denen diverse Frauen ihre „ganz spontanen Schnappschüsse" zur Schau stellen, sind Beweis genug.

Die Hintern sind rund, die Bäuche flach und auf den (auffallend prallen) Lippen sitzt das vermeintlich perfekte Lächeln. Selbst nachdem es immer mal wie-der Bewegungen wie #fürmehrrealitätaufinstagram gab, hat sich daran nichts ge-ändert, was generell auch erst einmal völlig verständlich und menschlich ist. Nie-mand käme auf die Idee, nach einer durchzechten Nacht morgens verkatert nach viel zu wenig Schlaf aufzustehen, spontan ein Selfie zu machen und dies als Pro-filbild auf all seinen Social Media Accounts zu posten. An solchen Tagen möchte man sich vor dem Mittagessen ja nicht einmal selbst sehen und setzt im Bad per-fektionierte Vermeidungstechniken ein, wenn man am Spiegel vorbeihuscht. Ge-nauso sind aber, und dessen sind wir uns eigentlich alle bewusst, die präsentier-ten Fotos meist so spontan entstanden wie die Hochzeit zweier türkischer Großfa-milien.

Die Wahrheit ist, dass Aufnahmewinkel und Lichtverhältnisse unglaub-liche Unterschiede in der Wahrnehmung eines Körpers oder Teilen davon erzeugen können, die durch entsprechendes Posing nochmals verstärkt werden. Wer glaubt, dass die Bikiniathletinnen, die auf Fotos perfekte Hintern zur Schau stellen, in Wirklichkeit ebenfalls so aussehen, wäre vermutlich schwer enttäuscht, die meis-ten Damen aus der Nähe in entspanntem Zustand und ohne Hackenschuhe zu sehen, von der Offseason-Form manch einer Dame gar nicht mal zu sprechen.

Es ist vollkommen in Ordnung, sich durch diese Bilder motivieren und antreiben zu lassen. Dies sollte jedoch nicht in Frust umschwenken, nur weil das eigene Spiegelbild nicht mit professionellen Studioaufnahmen inklusive Photos-hop-Marathon mithalten kann.

Take-home-message-Faktoren Muskelauf- & Fettabbau

Diese beispielhafte Aufzählung verschiedener Faktoren sollte verdeutlichen, dass es eine Vielzahl von Gründen gibt, warum wir alle trotz harter Arbeit und geduldiger Disziplin zu unterschiedlichen Ergebnissen gelangen werden. Das ist auch absolut in Ordnung und sollte keine Ausrede für ausbleibende Erfolge sein. Dennoch sollte man akzeptieren, dass man selbst möglicherweise nicht mit einer Ausnahmegenetik gesegnet wurde und aus diesem Grund vielleicht nicht die nächste Gesamtsiegerin der Bikiniklasse auf der Internationalen Deutschen Meisterschaft wird.

Unbeeinflussbare Faktoren	Beeinflussbare Faktoren
• Genetik • Biologisches Geschlecht • Alter • (Trainingsfortschritt)	• Trainingsequipment • Regeneration • Motivation • Posing/Lichtverhältnisse • (Soziales Geschlecht)

Periodisierung das Trainings

Periodisierung im Training beschreibt eine Art der Planung, bei der über mehrere Wochen und Monate die Intensität bzw. Gestaltung der Trainingseinheiten variiert und in der Regel auf ein bestimmtes Ziel hingearbeitet wird. Während dies im Wettkampfsport entsprechende sportliche Ereignisse sind, periodisieren Hobbysportler häufig nach Diät oder Muskel- und Kraftaufbau. So zumindest der Idealfall. Vor allem Trainingsanfänger neigen häufig dazu, einfach drauflos zu trainieren, ohne sich Gedanken über eine mittelfristige Trainingsplanung zu machen. In der Konsequenz kann dies dazu führen, dass Stagnation nicht bemerkt wird oder Ziele inkonsequent verfolgt werden.

Periodisierung ist von einer Vielzahl an Faktoren abhängig. Im Urlaub wird weniger bis gar nicht trainiert, nach dem Jahreswechsel sind viele Menschen höchst motiviert, sehr viel zu trainieren, und über ein Leben hinweg können Beruf, Familie und andere Hobbys unterschiedlich stark Einfluss auf die Trainingsplanung bzw. den Trainingsumfang nehmen. Ein gewisses chaotisches Periodisieren legen also die meisten Hobbysportler auch so an den Tag und verschenken damit unnötiges Potenzial oder sind nach einiger Zeit frustriert, weil die erhofften Ergebnisse ausbleiben. Aus diesem Grund gilt:

Es ist unabhängig von Leistungslevel und Zielsetzung sinnvoll, das eigene Training zu periodisieren.

Aber wie erfolgt die Umsetzung? Zunächst einmal unterteilt man die Trainingsgestaltung bzw. die einzelnen Phasen in *Mikro-, Meso- und Makrozyklen. Makrozyklen* beschreiben eine Phase, an deren Ende ein mittel- bis langfristiges Ziel steht, beispielsweise eine Diät oder die Steigerung der Kniebeugeleistung um 15 %. Beides sind Vorhaben, die je nach Ausgangslage mehrere Monate dauern können und daher in Zwischenschritte unterteilt werden.

Diese Zwischenschritte sind die *Mesozyklen.* Mesozyklen sind einzelne Etappen oder Zwischenziele und dauern in der Regel mehrere Wochen. Beispiele: die ersten fünf Zentimeter am Bauch oder die ersten 5 % Steigerung der Kniebeuge.

Um diese Ziele wiederum zu erreichen, werden *Mikrozyklen* absolviert, die in der Regel eine Woche andauern. Das hat einen praktischen Grund: Unser Wochenablauf ist zumeist gesellschaftlichen, beruflichen, familiären

Verpflichtungen unterworfen. Wir arbeiten fünf Tage die Woche im Wechsel mit zwei freien Tagen, unser Studio ist vielleicht am Sonntag zu einer ungünstigen Zeit geöffnet oder es gibt Verpflichtungen in unserem sozialen Umfeld, denen wir an bestimmten Wochentagen nachgehen müssen. Nachdem wir nun also verstanden haben, was eine Periodisierung generell ist, wollen wir zwei verschiedene Typen der Trainingsperiodisierung kennenlernen.

Lineare und nicht lineare Periodisierung

Lineare Periodisierung entspricht der klassischen Vorstellung, die die meisten Trainierenden von einer Trainingsplanung haben. Mit jedem Mikrozyklus wird die Belastung durch das Training stetig gesteigert, sodass man am Ende an eine Leistungsspitze gelangt. Anschließend erfolgt ein sogenannter Deload, also eine entlastende Phase, die dem Körper genügend Gelegenheit zur Erholung bietet, bevor der nächste Mesozyklus beginnt.

Belastung im Training kann entweder durch das Volumen bzw. die insgesamt bewegte Gewichtslast gesteigert werden oder durch gezielte Belastung des zentralen Nervensystems. Wer mit Gewichten nahe seiner aktuellen maximalen Leistungsfähigkeit trainiert, führt zwar weniger Wiederholungen aus, aber dies stellt dennoch eine starke Belastung für den gesamten Körper dar.

Mit konkreten Zahlen könnte sich die lineare Periodisierung also beispielsweise so gestalten, dass wir in den ersten Wochen ein Trainingsgewicht auf mehrere Sätze verteilt insgesamt 20-mal bewegen (z. B. vier Sätze à fünf Wiederholungen), in der zweiten Woche 22-mal, in der Woche darauf 25-mal (z. B. klassisches 5-x-5-Training) und so weiter. Die Gesamtlast, die wir in den Einheiten bewältigen würden, würde sich stetig erhöhen und wir würden immer näher an eine Grenze der Belastung gelangen, von der wir uns bis zur nächsten Einheit gerade noch so erholen können.

Die lineare Periodisierung von Kraftplänen kann sich unterschiedlich gestalten. Es gibt sowohl die Variante, bei der wie beschrieben ein Gewicht immer häufiger bewegt oder die Intensität erhöht und das Gewichtsvolumen verringert wird. Ein Programm, das beide Prinzipien verbindet und für den Kraftaufbau entwickelt wurde, ist das *Russian-Bear*-Training, das am Ende des Buches in Phase 3 des beispielhaften Kraftdreikampf-Plans vorgestellt wird und auch hier schon als Beispiel herhalten soll. Der Ablauf in der Hauptübung sieht in der Originalvariante, wenn eine Athletin bisher 100 Kilogramm in der Kniebeuge bewältigen kann, wie folgt aus:

Woche 1: 6 x 2 x 80 % = 6 x 2 x 80 kg = 960 kg

Woche 2: 6 x 3 x 80 % = 6 x 3 x 80 kg = 1 440 kg

Woche 3: 6 x 4 x 80 % = 6 x 4 x 80 kg = 1 920 kg

Woche 4: 6 x 5 x 80 % = 6 x 5 x 80 kg = 2 400 kg

Woche 5: 6 x 6 x 80 % = 6 x 6 x 80 kg = 2 880 kg

Woche 6: 5 x 5 x 85 % = 5 x 5 x 85 kg = 2 125 kg

Woche 7: 4 x 4 x90 % = 4 x 4 x 90 kg = 1 440 kg

Woche 8: 3 x 3 x 95 % = 3 x 3 x 95 kg = 855 kg

Woche 9: 2 x 2 x 100 % = 2 x 2x 100 kg = 400 kg

Wir sehen, dass sich das Gesamtvolumen zunächst von 960 kg auf 2 880 kg steigert und sich schließlich nach und nach auf letztendlich 400 kg reduziert. Die rein muskuläre Arbeit nimmt also erst mal zu und halbiert sich dann zum Ende des Zyklus, die Belastung für das zentrale Nervensystem steigert sich aber tendenziell linear über die gesamten neun Wochen.

Ziel ist es, in der neunten Woche zwei Sätze mit jeweils zwei Wiederholungen des bisherigen Maximums zu schaffen. Für den nächsten Zyklus soll die Berechnungsgrundlage dann erhöht werden. Dies kann beispielsweise umgesetzt werden, indem 5 % auf die bisherigen 100 % aufgeschlagen werden und damit ein zweiter Zyklus mit 105 Kilogramm als Grundlage startet oder indem in Woche 10 ein Maximaltest durchgeführt wird, dessen Ergebnis (das hoffentlich oberhalb von 100 kg liegt) dann die Grundlage des neuen Zyklus darstellt.

Eine nicht lineare Periodisierung bedeutet dagegen, dass zwischen den Belastungen „gesprungen" wird. Schwere und leichte Einheiten wechseln sich innerhalb eines Trainingszyklus ab, wobei auch hier insgesamt eine Steigerung der Belastung bis zum Ende des Zyklus das Ziel ist. Darüber hinaus werden die gleichen Übungen bzw. Muskeln in der Regel häufiger als nur einmal pro Woche belastet, was oftmals zu mehr Kraft- und Muskelzuwachs führt.

Wenn wir bei unserem Beispiel des Russian Bear bleiben, so wird zusätzlich zum dargestellten Muster an einem zweiten Tag in der Woche ein Training durchgeführt, in dem sechs Sätze mit jeweils zwei Wiederholungen und 80 % des Gewichts absolviert werden. Dies ist keine erschöpfende Belastung. Wie wir aber bereits in den Grundlagen lernten, kann diese zusätzliche Einheit die Schnellkraft und muskuläre Koordination verbessern, ohne dabei die Erholung negativ zu beeinflussen. Insgesamt gelingt es so mithilfe des zweiten Tages noch effektiver, den eigenen Trainingszielen näher zu kommen.

Wie oft sollte ich ein Trainingssystem wechseln?

Sollte man überhaupt sein Trainingssystem wechseln? Ja! Zum einen gibt es keine Wunderrezepte, die jedem anderen Vorgehen überlegen wären. Die allgemein geltenden Grundlagen, die wir im Trainingsteil des Buches kennenlernten, können in unterschiedlicher Art und Weise kombiniert werden.

Das beste Trainingssystem ist das, welches motiviert befolgt wird.

Und genau hier liegt der Grund dafür, dass ich einen regelmäßigen Wechsel des Trainingssystems nahelege, ohne jedoch wöchentlich zu springen. Aus der Erfahrung von Gruppen- und Einzelcoachings kann ich sagen, dass zwölf bis 20 Wochen ein guter Zeitraum sind, um ein Trainingssystem zu befolgen. Innerhalb dieser Zeit wird die Motivation – egal, wie euphorisch man auch in den ersten Wochen startete – mehr und mehr abebben, sodass es Zeit für einen Tapetenwechsel ist.

Damit hast du die grundlegenden Prinzipien des Muskel- und Kraftaufbaus erläutert bekommen. Alles, was dir jetzt noch fehlt, ist Umsetzung und Geduld in Kombination mit der richtigen Ernährung und einer ausreichenden Erholung. Train, Eat, Sleap, Repeat!

Die Zwölf-Punkte-Checkliste, wenn nichts passiert

Bevor ich ein paar Beispielspläne zum bessern Verständnis an die Hand geben will, noch einmal etwa zur Überprüfung der eigenen Fortschritte:

Menschen, die keinen (sportlichen) Erfolg haben, lassen sich zu schnell frustrieren oder vernachlässigen die Basics.

Frustration kann sich aus verschiedenen Gründen einstellen. Zu große Erwartungen in Verbindung mit großer Ungeduld sind die häufigsten Probleme. Wer aber jahrelang am eigenen Ast gesägt hat, kann nicht erwarten, dass diese Schäden sich innerhalb weniger Tagen oder Wochen reparieren lassen. Schnelle Erfolge in 21 Tagen, zehn Wochen oder sonstigen marketingstrategischen Zeitfenstern sind ohne Frage erreichbar und können sogar sehr imposant sein, allerdings ist für derart kurzsichtige Konzepte ein Preis zu zahlen. Natürlich sorgt ein kurzer Zeithorizont für eine konstant hohe Motivation, doch das Loch, in das man danach fällt, ist oftmals umso größer, wenn keine nachhaltigen Strategien angewandt wurden.

Der zweite Punkt, die Basics, ist mindestens genauso wichtig. Ich habe schon unzählige Männer wie Frauen getroffen, die zu wenig schliefen, sich katastrophal ernährten oder sich zu wenig bewegten (oder gar eine Kombination aus allen dreien), aber ihr Heil in teuren Tests oder kuriosen Produkten suchten. Wer sein Auto jahrelang nicht zur Inspektion bringt, kann nicht erwarten, dass ein bisschen Tanken und einmal Ölwechseln alles in Ordnung bringen. Nur weil die Karosserie einem nicht unter dem Hintern wegrostet, heißt das nicht, dass alles andere in Ordnung wäre. Zur Selbstreflexion folgt eine Zwölf-Punkte-Checkliste, die jede Leserin selbstkritisch durchgehen sollte:

1. Kenne ich meine genaue Kalorienzufuhr?
2. Kenne ich meinen (relativ genauen) Verbrauch (Formel oder besser Tracker)?
3. Habe ich meine Kalorien meinen Zielen (Abnahme, Muskelaufbau, -erhalt) angepasst?
4. Habe ich meine durchgehend Ernährung im Griff und entspricht die Umsetzung meinen Zielen?
5. Gehe ich jeden Tag mindestens 10 000 Schritte?

6. Betreibe ich mindestens zwei Mal, besser drei Mal die Woche intensives Hanteltraining?

7. Schlafe ich im Schnitt sieben bis acht Stunden und bin morgens in der Regel erholt? (Mal eine schlechte oder kurze Nacht hat jeder.)

8. Trinke ich jeden Tag mindestens einen Liter Wasser oder (ungesüßten) Tee je 25 Kilogramm Körpergewicht sowie pro Stunde sportlicher Aktivität einen Liter zusätzlich? (Bei einer 60 Kilogramm schweren Frau also etwa 2,5 Liter und wenn eine Stunde Sport getrieben wurde insgesamt 3,5 Liter an diesem Tag.)

9. Bin ich glücklich?

10. Lache ich mindestens ein Mal am Tag aus Freude?

11. Kenne ich meinen Vitamin-D-Spiegel und ist dieser in Ordnung?

12. Kann ich all diese Fragen für einen Zeitraum von 20 Wochen mit „Ja!" beantworten?

Falls nicht, hast du hier deine Baustelle/-n gefunden!

Wer 20, 30 oder mehr Jahre Dinge nicht optimal lebte, sich zu wenig bewegte, schlecht ernährte oder Stress nicht bewusst ausglich, muss seinem Körper Zeit geben, entstandene Schäden zu reparieren.

Die angesprochenen 20 Wochen sind dann ein Anfang, aber kein Ausgleich für viele Jahre Fehlverhalten. Das soll nicht frustrieren, sondern vielmehr dazu motivieren, sich Schritt für Schritt in die richtige Richtung zu bewegen. Die Berufsausbildung, das abgeschlossene Studium, Fähigkeiten, die über lange Zeiträume erlernt und perfektioniert wurden ... all das kam auch nicht von heute auf morgen, wenn es denn tatsächlich von Wert ist.

Beispielprogramme

Generell könnten natürlich Training und Ernährung detailliert aufeinander abgestimmt werden, um auch die letzten Prozentpunkte zu optimieren. Die Wahrheit ist aber, dass wir alle eine Vielzahl an Aufgaben im Alltag bewältigen und unser Geld nicht mit unserer sportlichen Aktivität verdienen. Fitness sollte ein wichtiger Bestandteil, aber nicht das Leben selbst sein! Aus diesem Grund nutzen wir einen pragmatischen Ansatz, indem wir Training und Ernährung wie in einem Baukasten voneinander trennen und nach eigenem Wunsch zusammenfügen können. Das bedeutet beispielsweise: Wer abnehmen will, berechnet seine Kalorien und strebt ein wöchentliches Defizit an, kann beim Training aber dennoch flexibel zwischen den Plänen entscheiden.

Dabei ist zu beachten, dass viele Wege nach Rom führen und in meinen Augen insbesondere Motivation und Kontinuität von Bedeutung sind. Dennoch will ich eine Reihe von Plänen an dieser Stelle vorschlagen, die unterschiedliche Schwerpunkte setzen.

Es gilt für alle Pläne: Es werden nur Arbeitssätze aufgeführt. Individuell notwendige Aufwärmsätze werden zusätzlich ergänzt. Solltest du Übungen nicht kennen, so suche danach im Internet. Es werden die üblichen Bezeichnungen verwendet. Darüber hinaus wird das A–B–C–D-Muster vorausgesetzt (Erwärmung, Mobilisation und Cool-down sind selbstständig zu planen) und lediglich der Belastungsteil ist aufgeführt.

Darüber hinaus der Hinweis, dass diese Pläne nur als Beispiele zu verstehen sind und auch andere Systeme, die die dargestellten Grundlagen befolgen, sinnvoll sind.

Wer weitere kostenlose Beispielprogramme sucht, in denen konkrete Trainings- und Ernährungsvorgaben enthalten sind, kann auf meiner Seite www.become-fit.de nachschauen, wo über ein Dutzend solcher Zusammenstellungen abrufbar sind.

Die Pläne bieten eine Schritt-für-Schritt-Umsetzung, weswegen an dieser Stelle nur beispielhaft zwei Pläne dargestellt werden sollen, die die theoretischen Erklärungen veranschaulichen.

Der Anfängerplan

Der Anfängerplan richtet sich an Personen, die gerade frisch mit dem Training begonnen haben oder zunächst eine Struktur in ihr Training bringen wollen. Es werden bewusst keine komplexen Übungen, wie Kniebeugen oder reguläres Kreuzheben, integriert, da diese von Anfängern, egal ob männlich oder weiblich, oftmals nicht korrekt ausgeführt werden.

Der Plan enthält drei Phasen, in denen unterschiedliche Dinge erlernt werden sollen. Es ist möglich, eine Phase bei Bedarf zu wiederholen, bevor der Aufstieg in die nächste Stufe erfolgt.

ANFÄNGER: PHASE 1

In Phase 1 sind zwei Trainingstage vorgegeben, die jedoch mehrfach pro Woche absolviert werden können. Es ist also beispielsweise möglich, am Montag Tag A, am Dienstag Tag B, am Donnerstag Tag A und am Samstag Tag B zu absolvieren. Bei einer ungeraden Anzahl an Einheiten werden in der einen Woche die Tage A–B–A und in der darauffolgenden Woche die Tage B–A–B absolviert. Das Hauptziel in dieser ersten Phase besteht darin, eine gewisse Trainingsintensität zu erlernen.

Hierzu werden die Übungen in Block A mit 20 bis 25 Wiederholungen absolviert, wobei maximal zehn Wiederholungen am Stück möglich sein sollten. Danach wird das Gewicht abgelegt, kurz pausiert und es werden wieder so viele Wiederholungen wie möglich absolviert. Dies wiederholt sich so lange, bis 20 bis 30 Wiederholungen geschafft wurden. Das Zeitlimit beträgt vier bis sechs Minuten. In dieser Zeit sollten mindestens 20 und maximal 25 Wiederholungen geschafft werden, wobei die Pausen so kurz wie möglich gehalten werden

Wenn die Wiederholungsvorgaben erfüllt wurden, wird das Gewicht in der Woche darauf erhöht. Neben dem schrittweisen Herantasten an eine hohe Trainingsintensität werden viele Sportler nun auch erstmals das Muskelbrennen kennenlernen, das im Zusammenhang mit der Ansammlung von Stoffwechselabbauprodukten steht. Es ist einer der Einflussfaktoren für Muskelaufbau, wie wir lernten, wobei es in erster Linie darum geht, das Gefühl kennen und einschätzen zu lernen.

In Block B werden drei bis fünf Sätze pro Übung absolviert, wobei zehn bis 20 Wiederholungen bis zum sauberen Muskelversagen (also ohne abzufälschen) durchgeführt werden. Wenn nur acht Wiederholungen möglich waren, wurde das Gewicht zu schwer gewählt und der Satz muss wiederholt werden. Wenn 20

Wiederholungen geschafft wurden, aber noch mindestens eine weitere möglich wäre, war das Gewicht zu leicht und der Satz zählt ebenfalls nicht. Spätestens in Woche 2 oder 3 sollte ein Gefühl für sein eigenes Leistungsniveau entwickelt worden sein. Wichtig ist letztendlich nur, dass innerhalb von zehn bis 20 Wiederholungen das Muskelversagen erreicht wird. Ob dann in drei Sätzen 10 | 10 | 10 Wiederholungen oder 10 | 20 | 14 oder 13 | 10 | 18 Wiederholungen gemacht werden, ist egal. Das Gewicht darf also auch zwischen den Sätzen variiert werden! Die drei Sätze sind die Minimalanforderung. Je nach Zeit, Energielevel und Tagesform sollen bis zu fünf Sätze pro Übung in diesem Block umgesetzt werden.

Wenn du eine Übung nicht kennst, findest du diese im Internet unter den genannten Namen mit vollständigen Videoausführungen. Das ist zielführender, als ein paar Bilder bei unbekannten Übungen.

	Tag A	Tag B
Block A: je Übung 20 bis 30 Wdh. in 4 bis 6 min	• Beinpresse • Latzug mit weitem Griff zur Brust	• Beinpresse • Rudermaschine
Block B: je Übung 3 bis 5 Sätze mit 10 bis 20 Wdh.	• Bein-Curls • Kurzhantel Bankdrücken • Ausfallschritte • Seitheben mit der Kurzhanteln sitzend	• Rumänisches Kreuzheben • Kurzhantelschräg-bankdrücken • Latzug mit engem Griff zur Brust • Vorgebeugtes Seitheben mit der Kurzhanteln sitzend

Phase 1 wird für mindestens vier Wochen absolviert. Spätestens nach acht bis zehn Wochen sollte dann der Übergang zu Phase 2 erfolgen. Da der Plan sich an Anfänger richtet, ist davon auszugehen, dass die Trainingsintensität noch ohne Probleme bewältigt wird, sodass hier kein Deload notwendig ist.

ANFÄNGER: PHASE 2

In Phase 2 verändern sich zwei Dinge grundlegend: Zum einen werden die Übungen in Block A nun auch in regulären Arbeitssätzen ausgeführt. Durch die erste Phase sollte es nun möglich sein, eine grundlegende Intensität aufzubringen. Darüber hinaus wird Block B umstrukturiert und es stehen immer zwei Übungen zur

Wahl, die in den Einheiten abwechselnd durchgeführt werden. Wenn Tag A also das erste Mal durchgeführt wird, werden beispielsweise Ausfallschritte absolviert, während beim zweiten Mal Bulgarian Split Squats genutzt werden und beim dritten Mal wieder Ausfallschritte. Die Übungen sind so angelegt, dass ähnliche Muskelbereiche belastet werden, allerdings durch unterschiedliche Bewegungsmuster, das dritte Prinzip des Muskelaufbaus.

	Tag A	Tag B
Block A: je Übung 5 Sätze mit 8 bis 15 Wdh.	• Beinpresse • Latzug mit weitem Griff zur Brust	• Rudermaschine • Dips oder Langhantel Bankdrücken
Block B: je Übung 3 bis 5 Sätze mit 10 bis 20 Wdh.	• Bein-Curls/Rumänisches Kreuzheben • Kurzhantel Bankdrücken / Langhantel Bankdrücken • Ausfallschritte/ Bulgarian Split Squats • Seitheben mit der Kurzhanteln sitzend/Facepulls-Kabelzug	• Beinpresse/Ausfallschritte • Kurzhantelschräg-bankdrücken/Kurzhantel-flachbankdrücken • Latzug mit engem Griff zur Brust/Latzug mit weitem Griff zur Brust • vorgebeugtes Seitheben mit der Kurzhanteln sitzend/Aufrechtes Rudern

Phase 2 wird für mindestens vier Wochen absolviert. Spätestens nach acht bis zehn Wochen sollte dann der Übergang in Phase 3 erfolgen. Da der Plan sich an Anfänger richtet, ist davon auszugehen, dass die Trainingsintensität noch ohne Probleme bewältigt wird, sodass hier kein Deload notwendig ist.

ANFÄNGER: PHASE 3

In Phase 3 gibt es nun die Möglichkeit, eine bein- oder eine rückenfokussierte Variante zu nutzen. Darüber hinaus wird nun ein dritter Tag ergänzt. Wer also in Phase 3 übergeht, sollte es schaffen, drei Mal die Woche ins Fitnessstudio zu gehen – keine, da bin ich mir sicher, unlösbare Aufgabe. Es gibt bewusst keine brustfokussierte Variante, da die meisten Anfänger zu früh hierauf den Schwerpunkt setzen und dabei das Fundament (die Beine) oder den Teil, den sie nicht sehen (Rücken), vernachlässigen.

Die Übungsauswahl erhöht sich zudem in dieser Phase, sodass mehr Variation möglich ist. Die Vorgabe lautet: Mindestens eine Übung wird pro Training in Block B rotiert, sodass keine Einheit wie die vorherige aussieht. Darüber hinaus wird keine Übung länger als drei Wochen durchgeführt und spätestens in Woche 4 (vorläufig) getauscht.

Darüber hinaus wird ein Block C ergänzt, in dem Präventivarbeit für die Schultern und den Core durchgeführt wird. Dazu wird in jeder Einheit eine der folgenden Schulterübungen gewählt: Lying Rear Delt Raise/Sitzendes Seitheben/Facepulls/Reverse Butterfly. Hiervon werden drei Sätze absolviert, wobei zwischen den Sätzen insgesamt zwei Sätze für den Core eingefügt werden. Hierzu wählt man aus folgenden Übungen jede Einheit aufs Neue: Beinheben an der Klimmzugstange/dem Dipbarren/Toes to Bar/L-Sit/Dragon Flag/Plankvarianten, die maximal 60 Sekunden gehalten werden können. Alle fünf Sätze werden als sogenannter Mammutsatz so zügig wie möglich ohne Pause absolviert.

Beinfokussiert:

	Bein-Tag A	Bein-Tag B	Bein-Tag C
Block A: je Übung 5 Sätze mit 8 bis 15 Wdh.	• Beinpresse • Dips	• Ausfallschritte • Rudermaschine	• Beinpresse • Latzug, weit zur Brust
Block B: je Übung 3 bis 5 Sätze mit 10 bis 20 Wdh.	• Latzug (Griff frei wählbar)/ Klimmzüge (Griff frei wählbar) • Rumänisches Kreuzheben/ Bulgarisches Kreuzheben • Bein-Curls/ Gesäßpresse/ Bulgarisches Kreuzheben (wenn noch nicht ausgeführt)	• Bein-Curls/Gesäßpresse/ Kickbacks (am Kabelzug)/Glute Ham Raises • Bulgarian Split Squats/Goblet Squats/Step Ups • Stehendes KH-Frontrudern/KH-Frontheben/KH-Schulterdrücken • KH-Bankdrücken/Dips/ Duale Bankdrückmaschine (beide Seiten einzeln geführt)/Schrägbank-drücken an der Multipresse	• Ausfallschritte/ Hackenschmidt Kniebeugen/ Bulgarian Split Squats/Step Ups • KH-Rudern/LH-Rudern/Rudern, Kabelzug horizontal • Stehendes KH-Frontrudern/KH-Frontheben/KH-Schulterdrücken
Block C	Mammutsatz Schulter/Core	Mammutsatz Schulter/Core	Mammutsatz Schulter/Core

KH = Kurzhantel | LH = Langhantel – ACHTUNG: Bulgarisches Kreuzheben ist nicht das gleiche wie rumänisches Kreuzheben!

Rückenfokussiert:

	Rücken-Tag A	Rücken-Tag B	Rücken-Tag C
Block A: je Übung 5 Sätze mit 8 bis 15 Wdh.	• KH-Rudern • KH-Schulter-drücken	• Latzug, Maschine zur Brust ODER Klimmzüge • Rudern, sitzend, an Maschine	• Rumänisches Kreuzheben • Beinpresse
Block B: je Übung 3 bis 5 Sätze mit 10 bis 20 Wdh.	• Rumänisches Kreuzheben/ Bulgarisches Kreuzheben • Latzug (Griff frei wählbar)/ Klimmzüge (Griff frei wählbar) • Seitheben sitzend	• Bulgarian Split Squats/Goblet Squats/Step Ups/Beinpresse • Bein-Curls/ Gesäßpresse/ Kickbacks (am Kabelzug)/Glute Ham Raises • Stehendes KH-Frontrudern/KH-Frontheben/KH-Schulterdrücken • Vorgebeugtes KH-Seitheben/Facepulls-Kabelzug/Rudern, Kabelzug horizontal mit engem Parallelgriff	• KH-Bankdrücken/Dips/ Duale Bankdrückmaschine (beide Seiten einzeln geführt)/ Schrägbankdrücken an der Multipresse • Stehendes KH-Frontrudern/KH-Frontheben/KH-Schulterdrücken • Ausfallschritte/ Hackenschmidt Kniebeugen/ Bulgarian Split Squats/Step Ups
Block C	Mammutsatz Schulter/Core	Mammutsatz Schulter/Core	Mammutsatz Schulter/Core

KH = Kurzhantel | LH = Langhantel

Wenn dieser Plan für mindestens vier Wochen absolviert wurde, wurde mindestens zwölf Wochen am Stück trainiert – durchaus ein Grund, sich selbst auf die Schulter zu klopfen! Mit all der dazugewonnenen Trainingserfahrung lohnt es sich, auch einen Blick auf andere Pläne zu werfen.

Der Fortgeschrittenenplan

Dieser Plan richtet sich an Sportler, die bereits über eine gewisse Trainingserfahrung verfügen und komplexe Übungen wie (Front-)Kniebeugen und Kreuzheben beherrschen. Grundlage ist ein 3er-Split, der auf Wunsch auch mit höherer Kadenz trainiert werden kann. Beispielsweise Woche 1 A–B–C–A, Woche 2 B–C–A–B, Woche 3 C–A–B–C und so weiter. Das Training ist in eine Hauptübung, Nebenübungen und Präventivübungen aufgeteilt. Die Hauptübung bleibt in jeder Einheit gleich, wobei das Wiederholungsschema sich in den Zyklen verändert. Dazu im Anschluss an den Plan mehr.

Die Nebenübungen werden in jeder Einheit aus den vorgeschlagenen Übungen ausgewählt und von Training zu Training durchgetauscht. Wer also in Woche 1 Leg Curls – Ausfallschritte – Bulgarian Split Squats in Block B am ersten Tag absolviert, sollte in der darauffolgenden Woche zu mindestens einer der drei Übungen aus den möglichen Alternativen wechseln, also beispielsweise Good Mornings – Ausfallschritte – Bulgarian Split Squats, oder auch zwei oder alle drei Übungen tauschen. Die Beweggründe dahinter liegen zum einen in einem variierenden Muskelreiz, den wir als Grundlage des Kraft- und Muskelaufbaus kennenlernten, und zum anderen in mehr Vielfalt im Training, die erfahrungsgemäß immer zu erhöhter Motivation führt.

Neben der Tagesform übt auch die Vorbelastung Einfluss auf unsere möglichen Wiederholungszahlen aus. Darüber hinaus lautet meine Empfehlung, das Gewicht in den Arbeitssätzen durchaus zu variieren. Es geht nicht darum, die letzte Woche zu schlagen oder das gleiche Belastungsschema abzuspulen, sondern das an dem jeweiligen Tag maximal Mögliche zu leisten.

Für die Präventivübungen gilt schließlich dasselbe wie im Anfängerplan: Es wird in jeder Einheit aufs Neue eine der folgenden Schulterübungen gewählt: Lying Rear Delt Raise/Sitzendes Seitheben /Facepulls/Reverse Butterfly. Hiervon werden drei Sätze absolviert, wobei zwischen den Sätzen insgesamt zwei Sätze für den Core eingefügt werden. Hierzu kann aus folgenden Übungen jede Einheit aufs Neue gewählt werden: Beinheben an der Klimmzugstange/dem Dipbarren/Toes to Bar/L-Sit/Dragon Flag/Plankvarianten, die maximal 60 Sekunden gehalten werden können. Alle fünf Sätze werden wieder schnellstmöglich ohne Pause absolviert – wir erinnern uns, ein Mammutsatz.

	Tag A	Tag B	Tag C
Block A: siehe unten	Beinpresse ODER Frontkniebeugen ODER Kniebeugen	Dips ODER LH Bankdrücken	Klimmzüge ODER Latzug, weit zur Brust
Block B: je Übung 3 bis 5 Sätze mit 5 bis 20 Wdh.	• Leg Curls/Good Mornings /Gesäßpresse/Glute Ham Raises • Kniebeugen*/ Frontkniebeugen*/ Ausfallschritte/Hackenschmidt-Kniebeugen/ Bulgarien Split Squats • frei wählbare Beinübung auf Block B	• Dips*/KH-Schulterdrücken/enges Bankdrücken (an der MP) • Seitheben sitzend/stehend/ Horizontal stehendes Rudern • frei wählbare Übung aus Block B	• KH-Rudern/LH-Rudern/T-Bar-Rudern/ Rudermaschine • Kreuzheben/Sumo-Kreuzheben/ Rumänisches Kreuzheben • Seitheben sitzend/stehend/ Horizontal stehendes Rudern
Block C	Mammutsatz Schulter/Core	Mammutsatz Schulter/Core	Mammutsatz Schulter/Core

KH = Kurzhantel | LH = Langhantel | * = wenn nicht in Block A gewählt

Kommen wir damit zu den Zyklen und dem Wiederholungsschema in Block A: Es kann selbstständig entschieden werden, ob ein 3–1-Zyklus (drei Wochen intensiv, eine Woche Deload) bis hin zu einem 5–1-Zyklus ausgeführt werden soll. Wichtig ist nur, dass die Planung für die folgenden Zyklen gleich bleibt. Im ersten Zyklus werden die Block-A-Übungen mit fünf mal fünf Wiederholungen absolviert, wobei das Einstiegsgewicht in Woche 1 noch relativ niedrig gewählt werden sollte. In den folgenden Wochen wird das Gewicht jedes Mal (wenigstens minimal) erhöht. Insgesamt lautet das Ziel, fünf mal fünf Wiederholungen und damit 25 Wiederholungen insgesamt bis in die letzte Woche zu schaffen.

Sollten keine fünf mal fünf Wiederholungen geschafft werden, sondern weniger als fünf Wiederholungen in einem oder mehreren Sätzen, wird das Gewicht dennoch minimal erhöht. Wurden also beispielsweise nur 23 Wiederholungen geschafft, erhöht man das Gewicht dennoch in der nächsten Einheit um so wenig wie möglich. Der Zyklus wird, wenn man nicht in jeder Einheit 25 Wiederholungen im Block A schafft, nach dem Deload wiederholt, bis auch in der letzten Woche fünf mal fünf Wiederholungen geschafft wurden. Im Zweifelsfall kann es also zu mehreren Wiederholungen kommen, was jedoch durch entsprechend moderates Einstiegsgewicht und kleine Steigerungen über die Wochen vermieden werden sollte.

Im zweiten Zyklus beginnt man nach dem Deload wieder mit dem Gewicht aus Woche 1. Nun sind jedoch nicht fünf mal fünf Wiederholungen das Ziel, sondern 28 Wiederholungen insgesamt, die selbstständig aufgeteilt werden dürfen und in so wenig Sätzen wie möglich absolviert werden. Es ist also denkbar, beispielsweise zehn Wiederholungen im ersten Satz zu schaffen, weitere acht im zweiten sowie dritten Satz, sodass nur noch zwei Wiederholungen im vierten Satz gemacht werden müssten.

Im dritten Zyklus werden die Gesamtwiederholungen auf 31 erhöht, im vierten Zyklus schließlich auf 35 Wiederholungen. Spätestens nach dem vierten Zyklus empfehle ich dann, das System zu wechseln und einen anderen Trainingsplan zu absolvieren. Wie mehrfach betont, gibt es nicht den einen Trainingsplan, der bis ans Lebensende befolgt werden sollte. Das Internet ist voller sehr guter Pläne und auch auf meiner Homepage www.become-fit.de finden sich insgesamt mehr als 15 kostenlose Programme zur weiteren Inspiration.

Erweiterung der Pläne um weitere Aktivitäten

Der eigene Alltag und die eigene Zielsetzung sind so individuell, dass es nicht zielführend wäre, ein Buch mit Dutzenden Beispielplänen künstliche aufzublähen. Neben dem Hinweis, dass es im Internet weitere kostenlose Pläne (auch von mir) gibt, sei hier noch mal darauf verwiesen, dass Krafttraining durchaus auch als Basis eines hybriden Trainingsansatzes verstanden werden kann. Wer also beispielsweise an zwei oder drei Tagen Krafttraining absolviert, kann an anderen Tagen laufen gehen, tanzen, reiten, Freeletics absolvieren und so weiter. Das ist eben, wie angesprochen, abhängig von den Zielen und Vorlieben jedes Einzelnen. Ebenso kann es sinnvoll sein, die vorgeschlagenen Pläne an seine eigenen Bedürfnisse und Rahmenbedingungen anzupassen – wenngleich ich allzu variable Abwandlungen nur Sportlern mit ausreichender Erfahrung empfehlen möchte.

Einstieg in den Kraftdreikampf

Kraftdreikampf bzw. Powerlifting erfreut sich in den letzten Monaten und Jahren einer wachsenden Beliebtheit, auch wenn die Mehrheit der Trainierenden sicherlich immer noch eher dem Bodybuilding und Fitness verschrieben sind. Was die Möglichkeiten zur Trainingsgestaltung betrifft, steht Powerlifting dem muskelorientiertem Verwandten jedoch in nichts nach, so dass insbesondere Anfänger schlichtweg von der Vielzahl an Möglichkeiten erschlagen werden. Konzentrieren wir uns daher ganz einfach auf die drei Mainlifts, an drei Trainingstagen in drei aufeinander aufbauenden Phasen.

Intensitätssteuerung

Die hohe Kunst ist es, den Trainingsumfang in dem Maße zu steuern, dass insbesondere die intramuskuläre Koordination verbessert wird. Vor wettkampforientierte Powerlifter müssen sich keine Gedanken um Hypertrophie machen, die wird gar nicht zu verhindern sein, wenn man kontinuierlich stärker wird. Ganz im Gegenteil:

Ich selbst fand vor über 20 Jahren durch das Ringen zum Sport und war schon immer von dem Gedanken geprägt, möglichst fettfrei in einer Gewichtsklasse aufzutreten. Dies mag für männliche Schwergewichtsathleten im dreistelligen Bereich begrenzt gelten, aber der allergrößte Teil der Sportler profitiert insbesondere anfangs davon, sich auf Leistungssteigerungen zu konzentrieren, während man versucht das Körpergewicht möglichst konstant zu halten.

Ich vertrat für das Powerlifting schon vor 12 Jahren die in Kampfsportarten übliche Philosophie, dass man tendenziell versuchen sollte, lieber die leichtere Gewichtsklasse auszufüllen, als sich mitten in der nächsthöheren Klasse zu befinden. Die allermeisten Kraftathleten, und daran hat sich bis heute nichts geändert, schleppen genügend Fett mich sich rum, um eine Klasse niedriger zu starten und dort relativ betrachtet deutlich bessere Leistungen zu erbringen.

Die Kernbotschaft sollte aber in erster Linie sein: Wir konzentrieren uns auf die intramuskuläre Koordination. Muskelwachstum wirst du gar nicht verhindern können.

Beuge, drücke und hebe jeden Tag schwer?

Wir kennen unsere drei Mainlifts und wissen, dass wir diese schwer trainieren müssen, um mehr Maximalkraft zu erlangen. Heißt das ich kann einfach jeden Trainingstag jede Übung am Maximum trainieren? Natürlich nicht.

Es gibt eine Reihe an Gründen, die dagegensprechen. Intramuskuläres Zusammenspiel profitiert von Wiederholung eines Bewegungsablaufs, der aber dennoch schwer war. Einzelwiederholungen mögen für sich genommen eine starke Belastung gewesen sein, haben jedoch einen geringeren Einfluss auf die Verbesserung der Koordination als ein häufiger umgesetzter Bewegungsablauf.

Das Streben nach der individuell-perfekten Wiederholung und die Verinnerlichung dieser für die bewusste Ausführung wird von vielen Trainierenden immer noch zu sehr unterschätzt. Dies ist auch nichts, was mittels Literatur oder Videos erlernt werden könnte. Die genannten Hilfsmittel sind wichtig, um zu verstehen, welcher Bewegungsablauf erforderlich ist und sicherlich können immer noch mal kleine Cues mitgenommen werden, aber Verinnerlichung von komplexen Bewegungsabläufen funktioniert nur mittels Wiederholung. Hierfür wiederum ist ein gewisses Gewicht notwendig, da es beim komplexen Zusammenspiel immer einen muskulären Bereich oder einen Teil der Bewegung gibt, der einem mehr Probleme bewältigt. Dies zeigt sich aber erst aber einer gewissen Belastungsgrenze.

Es macht also keinen Sinn in jeder Einheit nur eine schwere Wiederholung umzusetzen. Andererseits ist das auch kein Aufruf dazu, dreimal die Woche unzählige Arbeitssätze mit 3 bis 5 Wiederholungen zu absolvieren. Das mag dem blutigen Anfänger noch für eine gewisse Zeit gelingen, wer aber in der Lage ist mehr als nur die blanke Stange zu bewegen, wird dadurch nur ausbrennen und sich kurzfristig verletzten. Wer also mehrfach die Woche Beugen, Drücken und Heben will, was im Sinne der verbesserten intramuskulären Koordination sinnvoll ist, sollte unterschiedliche Intensitäten arbeiten, die dennoch schwer sind.

Einen Sonderfall stellt dabei Kreuzheben dar, das in vielen Templates bereits seit Jahren mit deutlich weniger Volumen verplant wird, als beispielsweise der Kniebeugen. Beides sind komplexe Übungen, die ähnliche Muskelstrukturen belasten. Die Kniebeuge stellt vom Bewegungsablauf und der eingebundenen Muskulatur sogar die größere Beanspruchung da, in der Regel gelingt es einem aber weniger Gewicht darin zu bewegen, so dass die Belastung des zentralen Nervensystems bei gleicher Wiederholungszahl eine geringere ist.

Darüber hinaus wird beim Kreuzheben das Gewicht aus einer Ruheposition gezogen, was vergleichbar mit Pausekniebeugen wäre, bei denen man in der untersten Position für eine Sekunde verweilt. Wer das schon einmal probiert hat, weiß, dass er sein Gewicht zum Teil deutlich unten korrigieren muss, da der Spannungsaufbau, wie bei einer Feder, die zusammengedrückt wird, in diesem Fall fehlt.

Mehrere Tage schweres Kniebeugen und Kreuzheben fordert bei korrekter Technik insbesondere die Beine und kann zu einer ungenügenden Erholung im Sinne eines Overreachings (nicht Overtraining!) führen. Aus den genannten Gründen, also starke muskuläre Belastung bei gleichzeitiger weniger anspruchsvoller Bewegung, kann es sinnvoll sein, schweres Kreuzheben seltener und mit geringerem Volumen umzusetzen und stattdessen Good Mornings an anderen Tagen für das Kreuzheben zu setzen.

Just Lift im 3er-Split: die konkrete Umsetzung

Getreu dem Motto „Keep it simpel!" wollen wir uns daher drei mögliche Optionen anschauen, wie man einen 3er-Split für das Powerlifting umsetzen könnte, der sich auf die drei Hauptübungen konzentriert. Die vorgeschlagenen Pläne sind bewusst ohne Ergänzungsübungen aufgeführt.

Insbesondere (fortgeschrittene) Anfänger (männlich wie weiblich) neigen zu überladenen Trainingsplänen aus Angst zu wenig zu machen oder weil sie meinen, Schwachstellen beseitigen zu müssen. Die Wahrheit ist, dass dein ganzer Körper vermutlich noch eine Schwachstelle sein wird.

Die Reduzierung des Trainingsumfangs hilft bei der Konzentration auf das Wesentliche. Dabei handelte es sich um das Verinnerlichen der Bewegungsabläufe und Verbessern des muskulären Zusammenspiels. Dips, Rudern und Klimmzüge sind fantastische Übungen, aber diese werden nicht im Kraftdreikampf abgeprüft.

Phase A: 5 x 5 und 3 x 3 ohne Prozente

Der erste Plan stellt meine Empfehlung für Leute dar, die überhaupt erst einmal schwer trainieren wollen und dabei bewusst powerliftingorientiert agieren möchten. Es gibt eine Vielzahl an Konzepten für schweres Training für Bodybuilder, dieser Plan soll aber auf den Pfad des Kraftdreikampfs führen. Das bedeutet auch, dass wir gar nicht mit Max-Tests einsteigen oder diese als Berechnungsgrundlage nutzen.

Wer mit dem Powerlifting beginnen möchte, ist mental oftmals gar nicht in der Lage einen annähernd aussagekräftigen Maximaltest umzusetzen, was, wie schon angedeutet, mit ein Grund für das häufige pulverisieren der eigenen PRs in den ersten Monaten des kraftorientierten Trainings ist. Das alles sind keine Talente, sondern einfach Menschen, die bisher für ihre Verhältnisse gesehen schwach waren.

Es gibt drei Trainingstage, zwischen denen möglichst ein Tag Pause eingelegt werden sollte. Also AxBxCxx oder AxxBxCx oder AxBxxCx bezogen auf einen wöchentlichen Rhythmus. Alternativ wäre ein ständiger Wechsel von Trainings- und Pausentagen möglich, was jedoch dazu führt, dass man an ständig an anderen Wochentagen ins Training fährt, was in der Regel unpraktikabel ist. Die Tage sind wie folgt gestaltet [im Folgenden gilt immer: Satzzahl x Wiederholungszahl]:

- Tag A:
  - 3 x 3 Kniebeugen
  - 5 x 5 Bankdrücken
- Tag B:
  - 3 x 3 Bankdrücken
  - 5 x 5 Kniebeugen
- Tag C:
  - 1 x 3 Kreuzheben
  - 3 x 5 Kniebeugen
  - 3 x 5 Bankdrücken

That's it. Wer die Einheiten schneller als 45 Minuten schafft, benötigt zu wenig Pause und ist nicht annähernd an seinen Grenzen zu schwerem Training. Zusammen mit fünf Minuten Radergometer und bedarfsorientiertem Mobilisieren am Anfang sowie etwas Cool Down und Dehnen am Ende sollte man also locker etwas über eine Stunde beschäftigt sein oder besser gesagt trainieren.

Wie sollte das Gewicht für Plan A ermittelt werden? Ganz einfach: Nimm ein Gewicht, dass du ohne Probleme dreimal bzw. fünfmal bewegen kannst und versuche damit drei bzw. fünf Arbeitssätze in der jeweiligen Trainingseinheit zu absolvieren. Gelang dir das, erhöhe das Gewicht beim nächsten Mal. Führe das

Training für 8 bis 12 Wochen in dieser Form durch. Anschließend wäre die Zeit für ein prozentuales Vorgehen gekommen.

Phase B: Texas Method

Der zweite Plan ist ein simpler Plan von Mark Rippetoe. Anekdotisch soll die Texas Method so entstanden sein, dass ursprünglich am Montag und Freitag jeweils 5 x 5 gebeugt werden sollte. Also ein Athlet an einem heißen Tag jedoch keine Lust darauf hatte, wurde diesem angeboten, dass er nur einen Satz mit fünf Wiederholungen schaffe müsse, wenn es sich dabei um eine neue Bestleistung handle.

Die Aufteilung erfolgt dabei erneut auf drei Trainingstage und wie bereits bei Plan A sollte nach jeder Einheit ein Tag Pause liegen. Darüber hinaus sind die Tage deutlich mehr spezialisiert. Tag A ist ein Volumentag, Tag B wird als Erholungstag bezeichnet und Tag C stellt einen Intensitätstag dar. Die Tage sind wie folgt gestaltet:

- Tag A:
    - 5 x 5 @90 % des 5 RM Kniebeugen
    - 5 x 5 @90 % des 5 RM Bankdrücken
    - 1 x 5 @90 % des 5 RM Kreuzheben
- Tag B:
    - 2 x 5 @80 % des Gewichts von Tag A Kniebeugen
    - 3 x 5 @90 % Überkopfdrücken
    - 3 x max @BW Klimmzüge
    - 5 x 10 Backextensions oder Glut Ham Raise
- Tag C:
    - 1 x 5 Kniebeugen (Ziel: Neue 5-RM-PR)
    - 1 x 5 Bankdrücken (Ziel: Neue 5-RM-PR)
    - 1 x 5 Kreuzheben (Ziel: Neue 5-RM-PR)

Im Originalplan gibt es auch die Methode Bankdrücken und Überkopfdrücken zu tauschen. Da dies aber ein Artikel gezielt für den Kraftdreikampf ist, würde ich diese Option ausschließen. Genauso wie Kreuzheben am Tag C nicht durch Standumsetzen oder Standreißen mit 5 bis 6 Arbeitssätzen ersetzt wird, wie es teilweise vorgeschlagen wird. Die meisten Leser würden sich dabei nur potentieller Verletzungsgefahr aussetzen.

Wer zuvor Plan A umgesetzt hat, nutzt für den Start dieses einfach als vermeintliches 5-Wiederholungsmaximum. Das wird nicht ganz der Wahrheit entsprechen, hat aber den Vorteil, dass man nicht sofort am Limit arbeitet. Genauso sollten die Steigerungen am dritten Tag möglichst gering ausfallen. Was bringt es, gleich 10 Kilogramm beim tatsächlichen Maximaltest herauszukitzeln, um anschließend am Montag keine 5 x 5 mehr zu schaffen.

Dann lieber – auch im Sinne der Anpassung des passiven Bewegungsapparates und der Verinnerlichung des Bewegungsablaufs – 2,5 Kilogramm pro Woche steigern und auf diese Weise die nächsten vier Wochen die Intensität nach und nach steigern. Man wird noch früh genug scheitern.

Führe das Training, wenn es gut läuft, 6 bis 12 Wochen durch. Nun hast du die Grundlage für komplexere Templates, die die Intensität auf einen Zyklus verteilen.

Phase C: The Russian Bear: Pure Powerlifting Edition

In der dritten Phase werden die Trainingseinheiten nun innerhalb der Woche sowie innerhalb des Trainingszyklus periodisiert. Hierfür möchte ich eine Adaption des Russian Bear Programms vorschlagen. Dieses basiert auf dem Russian Squat Cycle und stellt ein Template dar, das ich 2016 im Rahmen der Aktion Big and Strong auf Team Andro veröffentlichte und aus heutiger Sicht für mich noch ein komplettes und für viele geeignetes Programm darstellt. – Das Programm ist über meine Homepage www.become-fit.de kostenlos abrufbar.

Da The Russian Bear ursprünglich ein Powerbuildingprogramm darstellt, will ich an dieser Stelle eine Fokussierung auf den reinen Kraftdreikampf vorstellen. Auch hier bleibt es bei drei Trainingstagen, die nun wie folgt aufgeteilt sind:

- Tag A:
    - 3 x 5 bis 8 Good Mornings
    - 6 x 2 x 80 % Kniebeugen
- Tag B:
    - Beine schwer
    - Bankdrücken schwer
- Tag C:
    - Kreuzheben schwer
    - 6 x 2 x 80 % Bankdrücken

Die prozentualen Angaben beziehen sich nun ausschließlich auf die maximal mögliche Leistung. Wer aus Phase B kommt, könnte einfach das Gewicht, das zuletzt beim 1 x 5 am dritten Tag bewältigt wurde, mit 1,1 multiplizieren und nimmt dieses als rechnerisches Maximum. Das Lastschema des schweren Tages für Kniebeugen und Bankdrücken lautet auf die Wochen aufgeteilt:

- 6 x 3 x 80 %
- 6 x 4 x 80 %
- 6 x 5 x 80 %
- 6 x 6 x 80 %
- 5 x 5 x 85 %
- 4 x 4 x 90 %
- 3 x 3 x 95 %
- 2 x 2 x 100 %

In den ersten vier Wochen gibt es also 6 Arbeitssätze, in denen wöchentlich die Wiederholungszahl und das Gesamtvolumen gesteigert wird, worauf vier Wochen folgen, in denen die Wiederholungszahl gesenkt, die Intensität der Wiederholungen aber ansteigen. Für Kreuzheben wäre diese Volumen zu hoch, so dass am schweren Tag:

- 5 x 3 x 80 %
- 4 x 4 x 80 %
- 3 x 5 x 80 %
- 2 x 6 x 80 %
- 3 x 5 x 85 %
- 3 x 3 x 90 %
- 1 x 3 x 95 %
- 1 x 2 x 100 %

umgesetzt werden. Das Programm ist also nach 8 Wochen abgeschlossen. Nun kann man entweder Phase C wiederholen oder ein gänzlich anderes Template beginnen. Der Einstieg ins Powerlifting ist abgeschlossen, du solltest deine Kraft im letzten halben Jahr deutlich gesteigert haben und wärst nun soweit über spezielle Anpassungen nachzudenken.

Die Inhalte dieses Buches entstammen ca. 20 Jahren sportlicher Erfahrung inklusive über einem Dutzend (Wettkampf-)Diäten sowie gut zehn Jahren als Chefredakteur des Onlineportals Team-Andro.com (tausende Artikel gelesen, hunderte selbst verfasst), ergänzt durch praktische Erfahrungen aus Onlinecoachings von über 1.000 Personen (im Rahmen von öffentlichen Gruppenaktionen sowie individuellen (Wettkampf-)Einzelberatungen).

Wer mehr über mich erfahren möchte, kann meine Seite

WWW.BECOME-FIT.de

besuchen und dort mit mir in Kontakt treten. Fragen zum Inhalt können dort gerne mittels Kontaktformular gestellt werden. Ich freue mich über Feedback jeglicher Art und helfe gerne, wenn etwas unklar blieb!

Wer zudem an weiterem hochwertigen Inhalt interessiert ist, sollte bei meinem Premium-Podcast-Magazin

WWW.THECOACHCOACHCORNER.DE

vorbeischauen.

Darüber hinaus wurde folgende Literatur im Rahmen des Schreibens dieses Buches noch einmal gezielt in die Hand genommen:

Literatur

Im Rahmen der Recherchen wurde die folgende Literatur in die Hand genommen:

- Acker, Frank-Holger (2018): Ernährung für (Kraft-)Sportler. Leipzig: Createspace.

- Bompa, Tudor / Haff, Gregory (2009): Periodization. New York: Human Kinetics.

- De Marees, Horst (2003): Sportphysiologie. Köln: Sportverlag Strauss.

- Hüter-Becker; Antje / Dölken, Mechthild (2011): Biomechanik, Bewegungslehre, Leistungphysiologie, Trainingslehre. Stuttgart: Thieme Verlag.

- Löffler, Gerog / Heinrich, Peter / Petrides, Petro (2007): Biochemie & Pathobiochemie. Heidelberg: Springer.

- Menche, Nicole (2007): Biologie, Anatomie, Physiologie. München / Jena: Urban & Fischer.

- Rippetoe, Mark (2015): Starting Strength. München: Riva Verlag.

- Schoenfeld, Brad (2016): Science and development of muscle hypertrophy. New York: Human Kinetics.

- Starret, Kelly (2014): Werde ein geschmeidiger Leopard. München: Riva Verlag.

- Tomasits, Josef / Haber, Paul (2016): Leistungsphysiologie: Lehrbuch für Sport- und Physiotherapeuten und Trainer. Berlin: Springer.

- Verhoshansky, Yuri / Siff, Mel (2009): Supertraining. Rom: Verhoshansky SSTM.

- Weineck, Jürgen (2010): Sportbiologie. Balingen: Spitta.

Weitere Bücher des Autors, erhältlich auf Amazon.de.

32170049R00051

Printed in Poland
by Amazon Fulfillment
Poland Sp. z o.o., Wrocław